DES FONTAINES 1980

I0129757

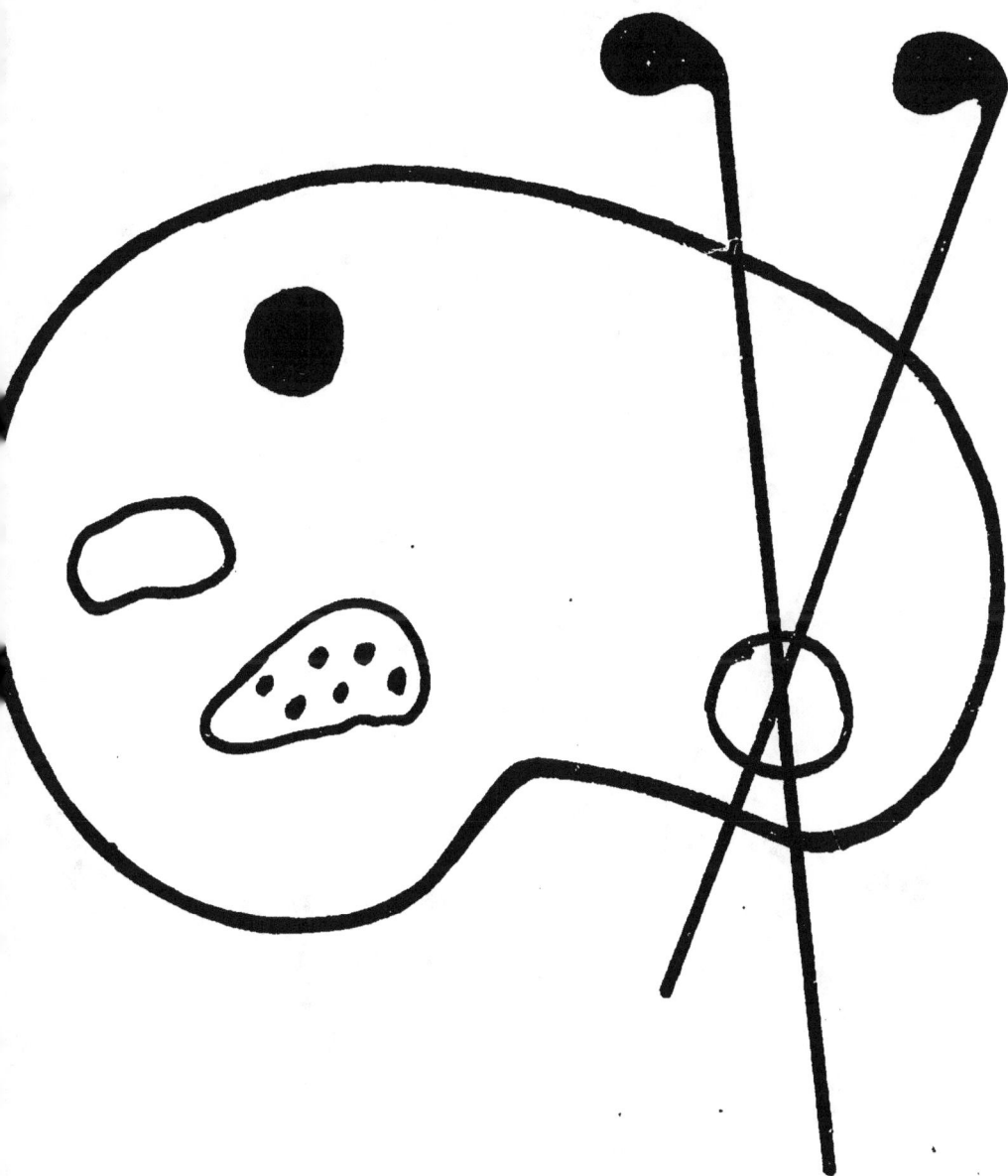

Paris Documentaire

TROTTOIRS & LUPANARS

par

CH. VIRMAITRE

LIBRAIRIE JOUFFROY

HENRI PERROT

7, Passage Jouffroy, 7

PARIS

TROTTOIRS

ET

LUPANARS

CH. VIRMAITRE

PARIS DOCUMENTAIRE
(Mœurs)

IV

TROTTOIRS

ET

LUPANARS

LIBRAIRIE JOUFFROY

HENRI PERROT
7, Passage Jouffroy, 7
PARIS

PRÉFACE

QUESTIONS AU GOUVERNEMENT

Depuis l'époque la plus lointaine, on pourrait dire depuis que le monde existe, la réglementation et l'extinction de la prostitution ont été la préoccupation constante et persistante de tous les législateurs, de tous les réformateurs et de tous les gouvernements.

Les Jugements, Edits, Ordonnances royales, Lois, Arrêts des parlements, Arrêtés et Ordonnances des Préfets, Arrêts des Cours de Cassation, Règlements des maires constituent un véritable labyrinthe dans lequel les fonctionnaires sont égarés sans fil d'Ariane.

Toutes ces Lois, Ordonnances et Arrêtés se contredisent et se heurtent ; c'est un chaos, un gouffre sans fond et sans issues ; comme l'a écrit M. Andrieux dans ses *Souvenirs d'un ancien Préfet de police*, « les Règlements relatifs à la police des mœurs REPOSENT SUR UNE LÉGISLATION INCERTAINE ET CONTESTABLE.

Ayant eu la police des mœurs sous sa haute direction, il est mieux placé que quiconque pour juger la question, et si ce fonctionnaire déclare loyalement qu'il fut souvent embarrassé pour appliquer une de ces lois, à plus forte raison combien doivent l'être les maires qui les ignorent, pour la plupart ; le suffrage universel, tout souverain qu'il est, est impuissant à remplacer les professeurs de droit.

L'application des textes de lois qui régissent la prostitution se résume dans cette appréciation d'un commissaire de police : la loi, c'est l'ARBITRAIRE !

Jamais expression ne fut plus juste.

Les *tenanciers*, les *Tauliers*, les *patrons de maisons de tolérance* — le nom ne fait rien à la chose — ne sont autorisés qu'après une série d'obstacles difficiles à franchir, une simple réclamation suffit pour que l'administration rejette l'autorisation sollicitée.

Quand une maison est autorisée, elle est soumise à de sévères règlements, à *l'arbitraire*; elle est surveillée de jour et de nuit; on peut dire que son existence est précaire, sans lendemain, dans les villes de province encore plus qu'à Paris; la moindre infraction réelle ou apparente entraîne une fermeture provisoire, ensuite une fermeture définitive, sans compter les amendes et quelquefois la prison.

C'est la ruine complète.

Ces considérations m'amènent à adresser à l'administration de Paris et de province cette série de questions ·

Pourquoi n'applique-t-on pas sévèrement les règlements aux *filles publiques isolées ?*

Si les règlements sont insuffisants, pourquoi, une fois pour toutes, ne pas en faire un, net, précis, indiscutable, compréhensible pour tous, débarrassé de l'inutile fatras administratif?

Pourquoi les *boutiques à surprises* ne sont-elles pas surveillées plus attentivement?

Dans quel intérêt les laisse-t-on exercer ouvertement le
métier de prostitution et braver la morale et la loi?

Pourquoi tolérer les *brasseries de femmes*, qui ne sont
que des lieux publics où, sous les yeux de l'autorité, s'al-
coolisent et se pourrissent les jeunes gens qui les fréquentent?

Pourquoi, et sous quels prétextes, l'administration
autorise-t-elle certains *cafés et restaurants* à rester ouverts
la nuit, alors qu'elle sait pertinemment, par les rapports
de ses agents, que ce sont des lieux de débauches où tous
les vices se donnent libre carrière et qu'on y rencontre
putains, gougnottes et pédérastes offrant publiquement
leurs *services* aux clients?

Pourquoi ne pas faire fermer immédiatement les *hôtels
garnis*, qui favorisent la prostitution clandestine, en plein
soleil, le jour et la nuit?

Pourquoi l'autorité autorise-t-elle les *bals publics* à
exhiber des infamies sans noms?

Pourquoi ne surveille-t-on pas la *halle à la viande* qui
se nomme les *Folies-Bergère?*

La loi exige que les tenanciers des *maisons de tolérance*
aient un mobilier qui leur appartiennent; ils paient un
droit de visite, des impôts de toutes natures.

Ils ne sont pas protégés. Pourquoi?

Les *maisons de rendez-vous* et les *boutiques à surprises*
sont en meublés, elles ne paient rien à l'Etat et sont protégées.

Pourquoi?

Les *brasseries de femmes* sont libres, n'importe qui peut en ouvrir une; depuis la loi du 18 juillet 1881 qui abroge le décret du 29 décembre 1851, aucun règlement n'est imposé aux TENANCIERS de ces boîtes vénériennes; ils peuvent choisir leur personnel à leur guise, sans contrôle, mineures, filles mariées, filles en carte et filles voleuses.

Rien ne les trouble, la prostitution y est cependant avérée, patente, indéniable.

Les *bals publics* sont régis par la loi de 1791, modifiée par celle de 1884; quels sont les motifs sur lesquels se base l'administration pour les autoriser ?

Les *hôteliers* sont sous le coup de la loi du 6 novembre 1778, loi qui fut appliquée lors du procès du n° 12 de la rue Balzac et qui servit à faire condamner les prévenus.

Les *marchands de vins* ont des *cabinets de passe* et, depuis la loi de 1881, ils échappent à la surveillance.

Tout cela sous les yeux de l'autorité, qui réserve ses sévérités pour les tenanciers qu'elle *autorise* et qui, en raison même de cette autorisation, devraient être efficacement protégés par l'administration.

S'ils ont des devoirs, ils ont des droits.

Après l'exposé qui précède, on se demande : où, et de quel côté est la morale?

Un ancien préfet de police va nous répondre :

— Par un arrêté, il supprima la femme qui *faisait la porte* devant les maisons de tolérance; son chef de la police municipale lui exprima la crainte que son arrêté ne compromît l'existence des maisons autorisées.

Le préfet répondit :

— Si cela était, je le rapporterais, *car le côté moral des maisons de tolérance échappe à la perspicacité du vulgaire.*

Voilà bien qualifiés ceux qui demandent *la fermeture des maisons.*

Il faut, au contraire, les protéger et en ouvrir de nouvelles.

Il faut détruire les *maisons de rendez-vous* et tous les lieux qui favorisent la prostitution clandestine.

La morale et l'hygiène publique demandent impérieusement que l'administration sorte de sa torpeur.

Nous le répétons : *les maisons de tolérance sont un mal nécessaire.* Les lecteurs pourront en juger dans le courant de ce volume.

CH. VIRMAITRE.

OPINIONS

—

En 1867, au moment de l'Exposition universelle, un Congrès médical international se réunit à Paris; les professeurs les plus éminents y prirent part. Une commission fut nommée. Parmi les questions qui figuraient au Congrès, se trouvait celle-ci : « Est-il possible de proposer « aux divers gouvernements quelques mesures efficaces « pour restreindre la propagation des maladies véné-« riennes ? »

M. le Dr Léon Lefort exprima l'avis « ... QU'IL FALLAIT AUGMENTER LE NOMBRE DES MAISONS DE TOLÉRANCE, AFIN DE POUVOIR ATTEINDRE ET RÉPRIMER LA PROSTITUTION CLANDESTINE. »

Le côté moral des maisons de tolérance échappe à la perspicacité du vulgaire.

L. ANDRIEUX.
(Souvenirs d'un ancien Préfet de police.)

Si les fonctions de la police sont délicates, si les principes en sont constants, l'application, du moins, en est modifiée par mille circonstances *qui échappent à la prévoyance des lois.*

LEGRAVEREND.

Si les gouvernements ont pratiqué cette tolérance, c'est parce qu'ils ont eux-mêmes reconnu que la prostitution est un de ces maux qu'il faut souffrir pour en éviter de plus grand, une plaie sociale dont l'entretien est aussi éventuel à la conservation des mœurs qu'à l'ordre public.

Ne pouvant extirper l'abus, ils ont dû se borner à la circonscrire, à en atténuer les conséquences, s'attacher à en diminuer et les ravages physiques et le scandale, qui est la plus forte atteinte que puisse recevoir la morale publique.

SAINT-THOMAS.

(Somme, II, 2e, part. 10, Art. II. p. 26.)

Retranchez les femmes publiques de la société, la débauche la troublera par des désordres de tous genres. Les prostituées sont dans une cité, ce qu'est un cloaque dans un palais : supprimez le cloaque, le palais deviendra un lieu malpropre et infect.

SAINT-AUGUSTIN.

(T. XVII. Lib. IV, pars prima, opusc. 20, p. 184.)

Socrate, voyant un jeune Athénien entrer en plein jour dans une maison publique, lui cria : « Courage, jeune homme, voilà le commencement de la sagesse. »

(Vie des anc. phil., p. de Combles, 1752, 2 part pet. in-12.)

Caton le censeur, le sage, le divin, vit un homme de qualité sortir d'une maison tolérée, il lui tint le propos

suivant : « Cela est fort bien! Continuez d'être ainsi ver-
tueux. Quand le désir gonfle leurs veines, j'aime mieux
voir les jeunes gens allant là, qu'attaquant les femmes
des autres.

(Horace. IIe Satire du liv. I. Trad. Goupy.)

L'augmentation du nombre des prostituées clandestines
est due à la grande liberté accordée aux filles qui *ne
séjournent pas dans les maisons de tolérance* : liberté dans
les rues, liberté dans les cabarets, les cafés-concerts, esta-
minets nocturnes, etc... Libertés de tous genres (licence
de règlement, etc.) largement aidées par l'insuffisance,
l'inaptitude, les faiblesses voulues ou non des agents ou
de ceux qui les dirigent.

. . . .

La réglementation n'a été inventée que pour tâcher de
remédier aux inconvénients désastreux de la licence à
certaines époques. *Les tentatives de fermeture des maisons
de tolérance ont occasionné la formation de lieux secrets plus
pernicieux et l'accroissement de la prostitution clandestine.*

Dr ARMAND LAURENT,

(De la Fréquence des Maladies vénériennes, pages 73
et 8?, Baillière et fils. Paris, 1893.

—

Trottoirs et Lupanars

I

Sous Louis XV. — Un homme ingénieux. — Cinq cents maisons. — Le Gouvernement tenancier. — Première application de la taxe. — La prostitution sous le Directoire. — Organisation officielle des maisons par le Préfet Dubois. — Une circulaire du Préfet Delaveau. — Autre circulaire du Préfet Maugin. — Opinion des hauts fonctionnaires chargés des mœurs. — La tolérance, autorisée et non tolérée. — Un acte d'arbitraire. — Les aménités du Dʳ Fiaux. — Un acte de justice.

Sous Louis XV, on comptait *trente-deux mille cinq cents* filles inscrites à la police ; pour arrêter la prostitution sans cesse croissante, et aussi pour des raisons d'hygiène publique, un industriel proposa de monopoliser les maisons de tolérance qui existaient sans contrôle, échappant ainsi à la surveillance de la police sous cette rubrique : Société pour l'amélioration des Mœurs publiques ; la Compagnie en question devait fonder des établissements de prostitution pour toutes les classes de la société, l'entreprise devait comprendre des *bains, une maison de santé, un refuge pour les invalides* et une caisse d'épargne !

Un autre proposa mieux, il demanda que *le Gouvernement monopolisât les maisons de tolérance ; chaque maison
serait, pour le compte de l'Administration, gérée par un de
ses agents.*

Un troisième proposa la création de *cinq cents maisons*
avec des filles publiques *pensionnaires* et des *externes*
qu'on enverrait chercher s'il était besoin, et pour la
remise des femmes à des *placiers assermentés qui leur
chercheraient du travail.*

Aucune de ces propositions ne fut acceptée ; la première application de la taxe eut lieu en 1798 (an VII) ; ce
qui y donna lieu fut un mémoire adressé au Gouvernement en 1789, lequel, reprenant une des propositions
citées plus haut, demandait que les filles publiques
fussent enfermées dans cinq cents maisons tolérées, taxées à
cinquante livres chacune.¦

Les honoraires payés par les filles visitées étaient de 30
sols par visite.

Un arrêté du 12 ventôse an X (2 mars 1802) fixa la rede-
vance, pour la visite, à *douze livres par mois pour les filles
de maisons.*

Sous le Directoire, sous le Consulat et dans les premières années de l'Empire, la prostitution faisait de tels progrès que les jardins publics étaient inabordables ; les
rues, les trottoirs, les carrefours, les passages, les boulevards, les lieux publics étaient encombrés de filles qui
raccrochaient effrontément les passants ; la police, peu
nombreuse et mal organisée, était impuissante à endiguer
ce flot montant ; c'était un concert de plaintes à n'en plus
finir ; ce fut alors que le 12 octobre 1804, le préfet de
police Dubois organisa officiellement les maisons de
tolérance et leur donna une existence légale.

Malgré la protection accordée aux tenanciers, la prostitution clandestine ne décroissait pas ; pour essayer de
faire cesser cet état de chose si préjudiciable à la morale
publique, le Préfet de police Delaveau, le 14 juin 1823,
adressa aux commissaires de police la circulaire suivante : « Les établissements de maisons de prostitution
devant naturellement déplaire à tout homme qui s'inté-
resse à la morale publique, les commissaires de police
s'opposent de tout leur pouvoir à l'établissement de ces
maisons dans leurs différents quartiers ; leurs réponses,
presque toujours défavorables, prouvent d'une manière
qui leur est honorable la répugnance qu'ils éprouvent de
laisser s'élever dans leur voisinage ces asiles ouverts au
libertinage et à la corruption.

« Toutefois, il est une considération importante que je
ne dois pas vous laisser ignorer, d'après laquelle vous
aurez à régler votre conduite à l'avenir. La prostitution
est considérée comme un fait qu'il n'est pas au *pouvoir de
l'autorité d'anéantir*, et l'objet des règlements n'est autre
que de lui ôter ses abus, ses dangers et ses scandales ; la
police n'autorise pas la prostitution, elle la surveille et se
donne tous les moyens possibles de rendre cette surveillance efficace.

« Quant aux femmes prostituées, elle distingue en
elles : 1° des femmes, c'est-à-dire des êtres qui font partie de la société ; 2° des femmes prostituées qui, en cette
qualité, appellent une surveillance spéciale. Tant que les
femmes se renferment dans les habitudes ordinaires de la
vie, la police n'exerce sur elles que son action ordinaire.
Cette action ne change à leur égard qu'au moment même
où elles passent dans un état de débauche scandaleuse
dont l'autorité doit réprimer les excès.

« Or, quel est le moyen de conserver sur elles cette action salutaire d'exercer à leur égard cette surveillance efficace, de réprimer ces excès et ces scandales ?

« Laissera-t-on ces femmes s'isoler et échapper à la surveillance de l'autorité ?

« Les laissera-t-on se répandre dans la société et y propager la corruption sans qu'on puisse l'arrêter ?

« L'EXPÉRIENCE PROUVE CHAQUE JOUR QUE LA PROSTITUTION CLANDESTINE EST LA PLUS DANGEREUSE DE TOUTES SOUS LE RAPPORT DE LA MORALITÉ ET DE LA SALUBRITÉ PUBLIQUE.

« C'est d'après ces considérations que l'autorité, dans tous les temps, A CRU DEVOIR TOLÉRER LES MAISONS DE FEMMES afin de les soumettre à la surveillance et de conserver sur elles son action. ELLE A VOULU CONCENTRER LE MAL DANS DES MAISONS CONNUES ET DIRIGÉES PAR DES FEMMES QUI RÉPONDISSENT DE LA CONDUITE DES FILLES QU'ELLES REÇOIVENT CHEZ ELLES.

« LA POLICE CROIRAIT AVOIR FAIT BEAUCOUP EN FAVEUR DE LA POLICE DES MŒURS SI ELLE PARVENAIT A RENFERMER LA PROSTITUTION DANS DES MAISONS TOLÉRÉES SUR LESQUELLES SON ACTION EUT ÉTÉ CONSTANTE ET UNIFORME ET QUI NE PUISSENT ÉCHAPPER A LA SURVEILLANCE. »

Le Préfet de police Maugin employa un moyen plus radical, il voulut que la prostitution fut interdite ailleurs que dans les maisons de tolérance ; il prit, pour y réussir, le 14 août 1830, l'arrêté suivant :

« Considérant qu'il n'est pas possible d'extirper de la capitale la prostitution, il est indispensable d'en régler l'exercice de manière à ce qu'elle n'offusque plus la pudeur publique, cesse d'exciter les hommes à la débauche et de les exposer à être maltraités ou dépouillés ;

« Arrêtons ce qui suit :

« ARTICLE PREMIER. — Il est expressément défendu aux filles publiques de se présenter sur la voie publique pour y exciter directement ou indirectement à la débauche. Il leur est également interdit de paraître dans aucun temps, sous aucun prétexte, dans les passages, dans les jardins publics et sur les boulevards.

« ART. 2. — *Les filles publiques ne pourront se livrer à la prostitution que dans les maisons de tolérance.*

« ART. 3. — Les filles isolées, c'est-à-dire celles qui n'habitent pas les maisons de tolérance, ne pourront se rendre dans ces maisons qu'après l'allumage des réverbères. Elles devront s'y rendre directement, être vêtues avec décence et s'abstenir de tout stationnement, de toutes promenades, de toutes provocations.

« ART. 4. — Elles ne pourront, dans une même soirée, quitter ces maisons de tolérance pour se rendre dans une autre.

« ART. 6. — Les filles qui se présenteraient sur la voie publique de manière à se faire reconnaître, ou qui paraîtraient dans les lieux qui leur seront interdits, seront immédiatement arrêtées.

« Il en sera de même des filles qui, se rendant après l'allumage des réverbères dans les maisons de tolérance, auront dévié du chemin qui y conduit directement, de celles qui, dans une même soirée, passeront d'une maison de tolérance dans une autre, et de celles qui seront trouvées sur la voie publique avant l'allumage des réverbères ou après onze heures du soir. »

Cet arrêté, qui ne fut guère appliqué à cause de la Révolution de 1830, fut définitivement abrogé en 1841 par une circulaire de M. Delessert qui rendit la voie publique aux filles entre l'allumage des réverbères et onze heures du soir; néanmoins, le Préfet de police Delessert étendit l'institution officielle des maisons de tolérance dans la banlieue de Paris.

Tous les chefs de service de la préfecture de police dirigeant le service des mœurs, tous les Préfets de police qui se sont succédé depuis 1804, notamment MM. Dubois, Danglès, Delaveau, Maugin, Delessert, Piétri, Boitelle, Caussidière, Trouvé-Chauvel, Gervais (de Caen), Ducoux, Robillot, Carlier, de Maupas, Léon Renault, Voisin, Albert Gigot, de Kératry, Adam, Chopin, Cresson, Valentin, Andrieux, Camescasse, Gragnon et Lozé étaient d'avis que la prostitution réglementée est la seule morale. Dans ces dernières années, ces hauts fonctionnaires manifestèrent cette opinion au sein des Commissions municipales chargées d'étudier la question de la prostitution.

M. Lozé, en juillet 1890, soutint avec énergie l'opinion de ses prédécesseurs.

Le public, égaré par des publications vides de sens où le ridicule le dispute à une ignorance crasse ou à un parti pris absolu, s'imagine, malgré l'opinion des hommes éminents cités plus haut, compétents en la matière par de nombreuses années de service et d'exercice, il s'imagine, dis-je, que la *tolérance* est accordée au premier venu, bénévolement, sans enquête préalable, et qu'il suffit de la demander pour l'obtenir; c'est une grave erreur.

La *tolérance* n'est accordée par l'Administration, Maires ou Préfets, aussi bien à Paris qu'en province, qu'après qu'elle s'est entourée d'une foule de renseignements précis sur la solliciteuse.

La tenancière postulante remet sa demande directement au Préfet à Paris, en province au Maire ; en même
temps, si elle est mariée, le mari doit y joindre son consentement (arrêté, pour Paris, du Préfet d'Anglès, le
22 août 1816) ; le consentement du propriétaire de l'immeuble où doit s'établir la maison est également exigé ;
de plus, la postulante doit justifier qu'elle possède les
meubles nécessaires pour meubler ses chambres, et que
ce mobilier est payé.

La demande est renvoyée au bureau des mœurs, dans
les villes où il y en a ; quand il est constaté que la future
tenancière a un casier judiciaire vierge, son mari aussi,
le *livre* est accordé.

Après toutes ces formalités, la propriétaire du livre
n'est-elle pas autorisée à se croire *officiellement* en droit
d'exercer sa profession et non simplement *tolérée*, tant
qu'elle se conforme aux règlements de police ?

Assurément si.

Malheureusement, l'expression *tolérée* crée une équivoque, pas à Paris où le règlement est uniforme, mais dans
les départements où les tenancières sont soumises à l'autorité arbitraire et souvent intéressée des Maires et des
commissaires de police qui donnent une tolérance d'une
main et la retirent de l'autre.

Ainsi, un patron ou une patronne, qu'importe, le tenancier, après enquête, sacrifie quatre-vingts ou cent mille
francs pour monter son entreprise ; il est soumis à de
lourdes charges, doublement patenté ; son affaire, bien
conduite et honnêtement dirigée, lui fait espérer que son
travail, ses économies, ses efforts combinés lui permet-
tront d'élever sa famille dans un autre milieu ; tout cet
échafaudage peut s'écrouler d'un seul trait de plume, en

conséquence de la loi inepte de 1884 qui modifie celle de
1791 sur les pouvoirs des Maires. Le Maire de Colmar fit
fermer d'un seul coup les sept maisons de la ville, parce
que tel était son bon plaisir.

Quelle indemnité reçurent les tenanciers ?

Aucune.

Alors la loi municipale nouvelle autorise la spoliation et
reconnaît que la dépossession violente d'un citoyen est
chose légitime.

C'est simplement monstrueux, car les tenanciers ne
sont pas hors la loi, ils sont électeurs, et leurs billets
sont plus souvent payés que ceux souscrits par les Maires
ou les sous-Préfets qui parlent d'eux en termes méprisants en étant encore aux vieux préjugés, tout comme le
Dr Fiaux, qui ne se gêne pas pour qualifier les tenanciers
des gracieuses épithètes de *proxénètes* et de *maquereaux !*

Que penserait donc et que dirait donc le docteur si, par
un coup imprévu du suffrage universel, un de ces Messieurs était élu ?

Où donc est la loi qui l'empêcherait de siéger ?

Mais les proxénètes sont ceux qui débauchent, et si les
tenanciers sont des maquereaux, les Préfets, les Maires et
les commissaires de police le sont aussi, puisqu'ils exercent sous la surveillance de ces autorités et avec leur
approbation ; le percepteur des contributions ne fait
aucune difficulté pour encaisser leur argent, et si M. le Dr
Fiaux est rentier, peut-être lui a-t-on payé ses rentes avec
les pièces de cent sous d'un tenancier !

Mais revenons aux Maires.

Heureusement que s'il en est que leur écharpe saoûle
au point d'en faire des petits tyranneaux de carton, ils
peuvent être arrêtés dans leurs exploits.

Je soutiens que l'équivoque doit cesser, que le tenancier est bel et bien *autorisé* et non simplement *toléré*.

En voici la preuve :

Récemment, dans une ville voisine de Paris, le Conseil municipal demanda l'expropriation d'une maison de tolérance située à proximité d'un terrain sur lequel la municipalité voulait faire construire un groupe scolaire.

L'autorité compétente refusa l'expropriation, se basant sur ce que le tenancier exerçait sa profession en vertu d'une *autorisation régulière.*

Le rapporteur chargé d'étudier la question ajoutait que jamais une plainte n'avait été formulée contre le tenancier, et qu'il n'avait jamais commis une infraction aux règlements de police ; qu'il avait encore neuf années de bail à courir, et qu'il n'y avait pas lieu de le ruiner en le dépossédant, à moins toutefois que le Conseil municipal n'offrit de lui payer une indemnité représentant non seulement le prix de sa maison, mais encore une partie des bénéfices à réaliser par le tenancier pendant les neuf dernières années de son bail.

Le Conseil municipal se le tint pour dit.

Le tenancier fut donc traité suivant la loi commune appliquée à tous les citoyens exerçant un commerce.

M. Fiaux, qui relate ce fait, déplore que pendant neuf années les mères de familles et leurs enfants auront ce spectacle sous les yeux. Ce brave prudhomme trouve sans doute que les filles qui raccrochent sur les trottoirs et aux coins des rues présentent un spectacle plus moral.

C'est affaire de goût.

Un autre exemple à citer !

En 1888, la Presse française fit grand bruit autour du nom de M. Duhamel, secrétaire de la présidence de la

République, qui louait une partie de son immeuble, rue Taitbout, 56, à un tenancier d'une *maison de tolérance.*

M. Duhamel, dans une lettre publiée par un grand journal du matin, crut devoir fournir des explications publiques desquelles il résultait que cette maison étant venue dans sa famille par héritage, il avait dû subir le bail consenti par la première propriétaire.

M. Duhamel ajoutait que la première propriétaire n'avait loué que pour une *maison meublée* et non pour une *maison de tolérance.*

Je n'ai pas à discuter la valeur de cette assertion, mais l'arrêté du Préfet de police Danglès (22 août 1816) est formel : *la tenancière, pour obtenir son autorisation, est obligée de joindre à sa demande l'autorisation écrite du propriétaire ou du principal locataire.*

Il est probable qu'il ne fut pas fait d'exception pour la tenancière de la rue Taitbout et qu'elle dut subir la loi commune.

La propriétaire plaida pour faire résilier son bail ; elle dut donner pour raison à ses juges que sa bonne foi avait été surprise ; elle perdit néanmoins son procès et le Tribunal, dans ses considérants, *assimila la tenancière à une commerçante quelconque* et non pas comme *exerçant une profession inavouable.*

II

Dans tous les commissariats dans le ressort desquels sont établies des maisons de tolérance, le règlement concernant les maisons est affiché.

Ces règlements diffèrent fort peu les uns des autres, c'est l'interprétation et l'explication des textes de Lois, Ordonnances ou Arrêtés qui sont la cause de toutes les tracasseries, des vexations et de l'omnipotence arbitraire que les tenanciers ont à subir et qui, à chaque instant, entravent leur industrie.

Voici les articles de Lois, Ordonnances et Arrêtés visés par les règlements ; on en trouvera les textes à l'appendice :

Art. 271, 272, 275 du Code pénal visant le délit de vagabondage.

Art. 330, 331, 332, 333, 334 et 335 visant le délit d'outrage aux mœurs.

Art. 471 n° 15, 478 n° 8, 480 n° 5 et 484.

Art. 1384 du Code civil visant les responsabilités.

Art. 50 de la loi des 14-22 décembre 1789.

Art. nos 2, 3 et 5, titre II de la loi du 10 juillet 1791.

Art. 10 et 46, titre I de la loi des 19-22 juillet 1791.

Art. 8 de l'arrêté du gouvernement du 5 brumaire an IX.

Art. du décret impérial du 27 fructidor an XIII.

Loi du 18 juillet 1837.

Pouvoirs des Maires 1791, modifiés par la loi municipale de 1884.

Comme on le voit, si un commissaire de police ou un Maire veut ruiner un tenancier, il n'a que l'embarras du choix dans cet arsenal de Lois contradictoires.

Ainsi, dans certaines villes, les commissaires de police exigent que le tenancier ne reçoive plus personne après onze heures du soir ; dans d'autres villes, ils peuvent recevoir jusqu'à deux heures du matin ; on peut dire que c'est véritablement le régime du bon plaisir et que l'existence d'une maison est bien précaire, soumise qu'elle est aux caprices et aux exigences d'un seul, quelquefois des deux : Maire et commissaire !

Si le tenancier, fort de son droit, proteste, le commis- de police, pour affirmer son autorité, ordonne la fermeture provisoire. Si le tenancier résiste, il le traduit devant le Tribunal de simple police comme prévenu de fermeture tardive, et, par conséquent, de tapage nocturne, or, voici une anomalie assez curieuse : c'est le commissaire de police qui dresse la contravention et, au Tribunal de simple police, c'est le commissaire qui remplit les fonctions de *procureur de la République !*

Ce fonctionnaire a beau être impartial et consciencieux, il y a cent à parier contre un que *le procureur de la Répu-*

blique ne donnera pas raison au tenancier contre *le commissaire de police!*

Les *tenanciers* incarnent deux professions sous l'apparence d'une seule : ils sont à la fois *hôteliers* et *limonadiers.*

Comme *hôteliers*, ils peuvent recevoir des voyageurs toute la nuit.

Comme *limonadiers,* malgré que les règlements leur interdisent de mettre en évidence des bouteilles et des verres, il faut qu'ils se soumettent au règlement qui indique l'heure de la fermeture, heure qui varie suivant les villes.

Or, voilà un phénomène bizarre : ils peuvent être condamnés à. l'amende comme fermeture tardive en qualité de *limonadiers*, alors qu'ils sont autorisés à rester ouverts comme *hôteliers!*

De plus, comme *hôteliers*, peut-on leur appliquer l'Ordonnance de 1778 qui leur défend de recevoir des filles, puisqu'ils sont *autorisés* par arrêté Préfectoral ou Municipal à en avoir à demeure chez eux?

Peut-on également leur appliquer les articles 270, 271, 272 et 275 du Code pénal qui visent le vagabondage, articles visés dans les règlements de province?

Évidemment non !

Puisque, d'après la jurisprudence des parquets, tout individu qui justifie avoir, dans les derniers dix jours, passé une nuit dans un gîte quelconque, établissement charitable, taudis ou hangar, *n'est pas en état de vagabondage.*

Les pensionnaires ont donc un gîte certain, elles sont sous la surveillance de l'autorité, elles ne peuvent être considérées comme vagabondes ; alors dans quel but invoquer le Code pénal?

Le plus acharné de tous les écrivains contre les maisons de tolérance est le Dr Fiaux ; dans son dernier volume intitulé : *Les maisons de tolérance, leur fermeture*, il en fait, pour soutenir sa thèse, une description absolument fantaisiste qui n'a même pas le charme du plus mauvais roman.

Jadis, Méry décrivit merveilleusement, avec son style flamboyant et imagé, une chasse aux tigres dans les Indes ; ce volume passionna les voyageurs. Méry avait écrit son livre au cours Cannebière, à Marseille, et n'avait jamais été dans les Indes.

Je soupçonne fort le Dr Fiaux de n'avoir jamais quitté son fauteuil, autrement il n'aurait pas commis de pareilles erreurs — à moins qu'elles ne soient volontaires.

Une enseigne, dit-il, est un enseignement de mauvaises mœurs.... les maisons publiques représentent ce qu'il y a de plus délictueux, de plus répugnant, de plus malsain... *les maisons de rendez-vous, les proxénètes en chambre, les isolées, les brasseries de femmes,* que l'on nomme vulgairement *vacheries,* sont sans doute pour lui des lieux où l'Académie recrute ses prix de vertu !

Certainement, mieux vaudrait qu'il n'y ait pas de maisons de tolérance, ni de filles publiques, mais il faudrait commencer par supprimer la prostitutition clandestine, avant de demander la fermeture des maisons de tolérance.

Nous verrons plus loin, par des faits précis, comment s'exerce la prostitution clandestine. Le lecteur n'aura qu'à comparer avec les maisons de tolérance.

D'abord, les maisons de tolérance sont-elles des « bastilles » recélant des cachots noirs et fétides, où les filles, chargées de lourdes chaînes, pourrissent sur la paille humide, où elles sont nourries comme les chiens de chasse de pain et d'eau de vaisselle une fois toutes les vingt-quatre heures, et dans lesquelles, une fois entrées, elles sont prisonnières à jamais?

Soutenir une pareille thèse, comme le fait le Dr Fiaux, c'est le comble de l'absurde. Assurément les *Tauliers* font tous leurs efforts pour conserver le plus longtemps possible une pensionnaire qui fait leur affaire, qui plaît à la clientèle qu'elle a su se créer; mais c'est à force de soins, de prévenance, qu'ils la retiennent, et non par la violence et la brutalité.

C'était bon au Moyen-Age, où les filles étaient enfermées dans des clapiers, forcées de porter l'aiguillette, battues de verges par le bourreau.

Mais, aujourd'hui !

Le personnel des maisons de tolérance est composé d'un monde spécial, aussi inconnu de la masse du public que les profondeurs de la mer, tant les caractères sont multiples et mobiles.

Les femmes qui composent ce personnel savent généralement ce qu'elles font et où elles vont; si ce n'est pas par elles, c'est par leurs camarades ; bien malins seraient ceux qui prétendraient leur apprendre quelque chose, et c'est une fumisterie que de vouloir faire avaler au public qu'il existe des courtiers spéciaux pour racoler les bonnes inexpérimentées pour alimenter les maisons de tolérance.

Les patrons de maisons perdraient plus de temps pour décrasser une campagnarde, ils useraient plus de savon

2.

qu'il n'en faudrait pour blanchir la tête d'un nègre, les déniaiser serait un véritable travail ; elles seraient, ces filles, un embarras pour la maison pendant de longues semaines ; on n'aime guère nourrir un oiseau qui ne chante pas !

Les patrons préfèrent de beaucoup une fille faite, qui, arrivée le matin, est, le soir même, au travail, et qui, par l'habitude, deux heures après son installation, se considère comme chez elle.

Il existe, en effet, des *courtiers* qui s'intitulent *placeurs*, mais ils se gardent bien de racoler, par surprise, des filles mineures. C'est aujourd'hui une légende que la traite des blanches ; il serait impossible aux tenanciers de retenir une fille malgré sa volonté, car dans les petites villes le commissaire de police, et dans les grandes le commissaire central, aussitôt qu'il débarque une nouvelle pensionnaire, la patronne doit la conduire au commissariat pour faire examiner ses papiers et constater son identité.

Le commissaire ne manque jamais d'interroger la fille :

— Mademoiselle, vous savez chez qui vous venez ?

— Oui, monsieur.

— Vous venez librement ?

— De mon plein gré.

— Vous savez qu'il y a des soldats et que le travail est rude ?

— Oui, monsieur ; mais ça m'est bien égal (elle n'ose pas dire j' m'en fous).

— Bien. *Si vous êtes maltraitée, que vous ayez à vous plaindre, que vous vouliez quitter la maison où vous allez, vous n'avez qu'à me faire prévenir ; la maîtresse de maison est forcée de vous payer votre voyage pour vous rapatrier. Je vous ferai accompagner à la gare par un agent.*

Elle est donc bien renseignée, et, si elle avait été racolée par surprise, elle n'aurait qu'à le déclarer au commissaire, qui lui rendrait justice immédiatement et ferait poursuivre les coupables : mais, généralement, « la nouvelle » n'a pas besoin du commissaire de police pour être renseignée, car il est extrêmement rare qu'une fille entre en maison pour ses débuts ; elle est d'ordinaire *affranchie* et dans la circulation depuis plusieurs années ; en un mot, elle est à la *redresse*, elle la *connaît dans les coins* ; comme disent les Lyonnais, il y a longtemps qu'elle *a vu péter le loup sur une pierre de bois !*

Ce ne sont pas là, je pense, des prisonnières ; d'ailleurs l'article 14 du règlement qui figure sur le livret qui lui est remis et qui est en vigueur dans les maisons dit ceci : « Elles devront ouvrir leur porte à telle heure que ce soit, de jour ou de nuit, *aux officiers ou aux agents de police.* »

Le Dr Fiaux dit que le recrutement des pensionnaires pour les maisons de tolérance se fait par les agents des mœurs ; cela c'est fait, c'est vrai, mais au temps de Vidocq, quand les agents de la sûreté étaient choisis parmi les repris de justice et les forçats en rupture de ban ; mais, depuis, le personnel des agents a été épuré. S'il y a par ci par là un véreux, c'est que les chefs l'ignorent ; depuis des années à la tête du service des mœurs, il n'y a que des honnêtes gens, des hommes intègres, soucieux de leur devoir, ne considérant pas la fille comme une marchandise taillable et corvéable à merci, mais comme une malheureuse ayant besoin d'être protégée, puisque le sort en a fait presque une paria.

Quant aux *placeurs*, si quelqu'un a à s'en plaindre, ce n'est pas le public qui ni connaît goutte, ce ne sont pas les filles à qui ils rendent service, ce sont plutôt les patrons.

La faute en est à eux-mêmes.

Le gouvernement *autorise* les tenanciers, ils ont donc virtuellement une existence légale, puisque la plupart payent *patente d'hôtelier*, *patente de limonadier*, en outre des *droits de licence*, *cote mobilière*, *cote foncière*, toute la séquelle d'impôts.

Rien ne peut les gêner pour recruter publiquement leur personnel. Pourquoi ne s'entendent-ils pas pour créer dans Paris *un bureau de placement* qui, soumis aux règlements de police, leur présenterait toutes les garanties désirables et pourrait par correspondance alimenter les maisons de province?

Ils n'auraient pas à supporter les frais onéreux de courtage et ne seraient pas exposés comme ils le sont à des déboires de toutes sortes.

Le courtier-placeur est la continuation d'une vieille coutume et la conséquence d'une organisation imparfaite et vicieuse qui doit disparaître.

Quand une misérable *isolée* crève de faim et de froid, dans les rues, traînant ses guenilles et ses savates sur les trottoirs dans les bouges, errant de garnis en garnis, sans domicile fixe, n'ayant pas même de linge de rechange, en butte aux rafles quotidiennes et soumise aux brutalités et à la bestialité du premier passant venu, qu'elle est saoûle d'être *floppée* régulièrement par son ignoble souteneur qui l'étreint comme une pieuvre parce qu'elle est son gagne-pain et qu'il la passe à la *daudée* quand elle ne rapporte pas de *pognon*, quand elle ne voit comme perspective d'avenir que le Dépôt ou la prison de Saint-Lazare, quand, en un mot, abreuvée et lasse de cette vie de lutte et de misère, elle envisage la maison de tolé_rance comme un Eden et la tenancière apparaître comme

une providence, comme un petit manteau bleu. Dans la
maison, elle sera vêtue, nourrie, chauffée, bien traitée et
l'argent qu'elle gagnera ne servira pas à nourrir un gre-
din dont elle sera délivrée peut-être, hélas ! pas pour
longtemps, car il existe des souteneurs tenaces qui font
des prodiges pour retrouver leur *marmite*.

Je dis que les patrons sont la proie des placiers ; rien
n'est plus facile de le prouver.

Le placier a généralement une maîtresse — une fille en
Brème — pour lui ; c'est l'outil, comme la pince-*monseigneur* pour *rincer une cambriole*. Il la place en province,
supposons à Lyon ; une fois installée, elle fait du zèle,
paraît empressée, serviable, réservée ; la patronne se féli-
cite intérieurement de sa nouvelle recrue. Au bout de
deux ou trois jours, la patronne remarque que les filles
chuchotent entre elles et qu'à son arrivée, elles se taisent
comme par enchantement ; elle n'y porte pas grande attention.

Voici ce qui se passe :

La « nouvelle » fait aux filles un tableau merveilleux
d'une maison ; prenons, au hasard, Rouen. Là, dit-elle,
on est choyé, nourri, du vin à discrétion ; la clientèle est
chic, la patronne est une camarade ; c'est autre chose que
la « boite » où elles sont : un vrai boniment à la graisse
de chevaux de bois.

Dans une maison quelle qu'elle soit, si admirablement
tenue soit-elle, quand même elle serait disciplinée comme
un régiment de dragons, il y a toujours des *ronchonneuses*
qui ne trouvent jamais rien de bien, qui marronnent sous
le plus futile des prétextes ; celles-là prêtent une oreille
complaisante et attentive au discours de la « nouvelle »,
et, dans le tas des pensionnaires, il y en a toujours, au
bas mot, une ou deux qui lui répondent :

— Allons-nous-en.

Aussitôt dit, aussitôt fait; sans crier gare, un beau matin, elles préviennent la patronne qu'elles partent.

— Mais, pour quelles raisons? dit cette dernière, surprise.

— Parce que nous ne nous plaisons plus ici.

Alors, c'est un concert de récriminations, et, grâce au stupide système en usage aujourd'hui, la « nouvelle » et les deux pensionnaires partent au frais de la patronne.

Arrivée à Paris, la *marmite* du placier lui remet les deux femmes, qu'il place n'importe où, et le tour est joué.

La *marmite* remplit le rôle du *pigeon voyageur* qui ramène les *bizets* à son colombier.

Avec ce système malpropre et déshonnête, le placier a toujours, sous la main, du personnel qui lui fait de belles et bonnes rentes aux dépens des propriétaires de maisons.

Où est le remède?

Je l'ai indiqué plus haut.

Revenons aux pensionnaires et à leurs situations.

La pensionnaire est une singulière prisonnière, qui peut sortir à sa volonté; il est vrai de dire qu'elle est accompagnée de la sous-maîtresse ou d'une femme de confiance, mais ce n'est pas pour la garder, c'est pour la surveiller, afin qu'au dehors elle ne se livre pas à des actes d'outrages publics à la pudeur ou à des excentricités qui pourraient engager la responsabilité de sa patronne. C'est une garantie pour la morale publique.

Dans certaines villes, les pensionnaires ne doivent sortir de la maison pour aller au théâtre à la place qui leur est assignée par le règlement qu'avec le consentement du commissaire de police qui le refuse rarement.

Ce règlement, rédigé pour éviter que les femmes de maisons soient confondues avec les autres femmes, dites honnêtes, manque absolument son but, car lorsqu'il y a plusieurs femmes réunies à la place déterminée, tous les regards convergent vers elles, les spectateurs les examinent curieusement et plus d'une bourgeoise assise entre son mari et son amant, malgré sa réputation d'austérité, les toise avec mépris comme si elle n'était pas plus putain qu'elles. Elle, c'est par vice; les autres, c'est parce que la vie leur a été cruelle!

Je connais, à ce sujet, une histoire authentique qui prouve que quelquefois les maisons autorisées peuvent être une pépinière où certain haut fonctionnaire trouve une épouse :

Il y a un certain nombre d'années, à Marseille, le directeur d'une grande Compagnie de chemin de fer — il est mort aujourd'hui — était au théâtre en compagnie du procureur de la République et du commissaire central; la place réservée aux pensionnaires de maisons était bondée; sur le devant, accoudée à la balustrade, il y avait une splendide créature qui était le point de mire de tout le public.

— Qui donc est cette belle personne? dit M. X... au procureur de la République.

Il la connaissait très bien, c'était un de ses clients assidus, mais il ne répondit pas.

M. X... ne la quitta pas des yeux de la soirée. A la fin du spectacle, il la suivit et la vit, non sans stupéfaction, entrer dans une maison de la rue..., n°....

— Diable, dit-il, voilà, j'espère, une maison que mon ami le procureur n'appellera pas *mal famée*.

Il pénétra derrière elle. Sans doute que l'expérience fut concluante, car, six mois plus tard, on admirait et on saluait bien bas l'ancienne pensionnaire, devenue Madame X..., qui fit pendant longtemps aussi bonne figure dans les salons officiels de la duchesse de Z... ou de la marquise de P....

III

Le docteur Fiaux, non content de nous représenter les
filles de provinces comme des prisonnières, nous les
représente comme des malheureuses qui sont exploitées
à tire-larigot par les tenanciers.

J'ai voulu, pour rester impartial, me rendre compte de
la valeur et de la justesse de cette assertion. J'ai visité
plusieurs maisons d'ordres différents, à Lyon, Bordeaux,
Besançon, Nantes, Saint-Germain, Meaux, etc., etc.; j'ai
déjeuné, dîné, soupé avec les pensionnaires et j'avoue
avoir été profondément surpris.

Dans *Paris-Impur*, je n'ai étudié les maisons de tolérance qu'au point de vue pittoresque, sans me préoccu-

3

per, en quoi que ce soit, du côté technique ; ce livre complète donc le premier.

J'ai lu, depuis, nombre de publications qui prétendent décrire les mœurs des maisons de tolérance et je m'étonne de l'indignation de leurs auteurs : gros numéros, — volets fermés hermétiquement, verrouillés, cadenassés, — ruelles sombres, fuligineuses, squalides, desquelles les passants s'éloignent avec terreur ; il ne manque, pour compléter ce funèbre tableau, qu'un joueur d'orgue posté en face pour étouffer les cris de la malheureuse qu'un assassin égorge, tandis que la tenancière, une bancale quelconque, reçoit le sang de la victime dans le baquet aux cochons !

Les volets sont clos, c'est la loi.

Il y a un gros numéro, c'est pour qu'il n'y ait pas d'erreur.

.« Il y a une lanterne qui attire les passants », mais c'est vieux comme le monde. L'usage de la lanterne vient de ce que dans l'antique Rome on plaçait au-dessus de la porte des maisons de femmes, *une lampe* ou *un pot à feu* pour les désigner au public.

C'était l'enseigne de la maison. Cette coutume provenait de ce que dans le principe, les femmes publiques, auxquelles il était défendu d'exercer leur métier avant la neuvième heure du jour, qui était celle à laquelle les femmes honnêtes se renfermaient chez elles, se voyaient obligées, pour se faire remarquer pendant la nuit, de se poster près des édifices habituellement illuminés.

Évidemment, pour certaines anciennes exigences locales, toutes les maisons ne sont pas situées dans les quartiers les plus aristocratiques des villes, mais je me demande ce que présentent de lugubre les rues Colbert,

Chabannais et Taitbout, à Paris, de l'Albany, au Havre, de Porteau, à Besançon, Lambert, à Bordeaux, de l'Arbre-Sec, à Lyon, de Bourgogne, à Marseille, des Remparts, à Meaux, des Joueries, à Saint-Germain, etc., etc.?

Absolument rien, il y a autant de jour et de lumière que dans les autres quartiers de la ville, la circulation y est aussi active, et personne ne se signe devant les gros numéros.

Je passe sous silence les expressions argotiques qui, dans le langage populaire, désignent les maisons de tolérance ; elles signifient peu de choses. Je ne retiens que les deux expressions scientifiques : *lupanar, bordel,* qui ne sont pas le moins du monde injurieuses.

Lupanar, chez les romains, nom qu'on donnait aux maisons de filles, prend sa source dans la fable de l'allaitement de Romulus et Rémus par une louve. Cette louve était *Accta-Laurentia,* femme du Berger, qui recueillit les deux enfants exposés sur les bords du Tibre, et à qui la beauté de ses formes et la voracité connue de son appétit charnel avaient attiré cette qualification de la part de ses voisins. Les femmes publiques, qu'on voulait rendre odieuses, par une comparaison convenable à leur vie brutale, furent appelées : louves, *Lupæ* et leur demeure *Lupanaria.* (L'exig. de Martin, *merbo Lupanar, Chroniq. de Conrad.*)

Bordel vient du mot ancien *Bordeau,* suivant Bouchet, des deux mots *bord* et *eau,* parce que les maisons furent d'abord situées au bords des fleuves ou rivières. Dans *les Coutumes anglo-normandes,* leur auteur dit que *Bordel* vient du mot saxon : *Bord,* que les Français ont conservé et qui signifie : *loge* ou *maisonnette,* ce qui indiquait, dans l'antiquité, la petitesse des *lieux publics* où habitaient les courtisanes de Rome.

Ces termes : *bordeau, bordel*, ont été longtemps usités, dans les actes législatifs et judiciaires, de même que dans les livres et le langage ordinaire. Aujourd'hui encore, les légistes s'en servent, tant à cause de leur propriété que pour éviter des circonlocutions dont la longueur n'est pas le seul défaut.

Bordel est donc une expression consacrée par l'usage, mais *Maison de tolérance* est préférable.

Les maisons de tolérance forment deux catégories :

Maisons de salon ;

Maisons d'estaminet.

Quelquefois la même maison a estaminet et salon.

Inutile, je crois, d'expliquer en quoi cela consiste, tout le monde sait qu'à l'estaminet on boit et on fume, et la locution : ces dames au salon, est proverbiale.

Dans toutes les maisons, les toilettes d'intérieur sont fournies gratuitement par la tenancière. Ces toilettes varient d'élégance et de richesse suivant l'importance de la maison, la situation sociale de la clientèle et surtout suivant le goût de la patronne, qui sait assortir chaque costume à la beauté et aux formes de ses pensionnaires. C'est un art, que celui de mettre en valeur certaines parties du corps et de dissimuler les défectuosités de certaines autres ; c'est d'ailleurs l'intérêt de la tenancière, car tout en flattant l'amour-propre des filles, elle flatte le sien et consolide la réputation de sa maison.

C'est la meilleure des réclames.

Le linge de corps est assorti aux toilettes, il appartient à la maison et est fourni à *volonté*. Seules, les toilettes de ville sont achetées par les pensionnaires, où elles *veulent*, C'est justice qu'elles les payent, puisque en quittant la maison elles peuvent les emporter.

Il est donc faux de présenter la tenancière comme une marchande à la toilette et d'en faire une brocanteuse, elle a bien d'autres chiens à peigner, car il faut être une femme à poigne pour diriger une maison, y faire régner l'ordre et la décence.

Parler de décence dans une maison où la licence semble être le fonds de commerce paraîtra un paradoxe ; rien pourtant n'est plus vrai, et n'était la tenue légère des pensionnaires, quand un estaminet est plein, on ne trouverait rien à redire au point de vue des mœurs.

Là encore, c'est l'intérêt de la tenancière d'écarter les clients qui ne viennent que pour faire *flanelle. Ici on ne pelotte pas, on monte,* pourrait-elle faire afficher sur les glaces de l'établissement.

Quel contraste avec les brasseries de femmes, où les filles saoules, à l'haleine empoisonnée, hurlent des chansons obscènes, assises sur les genoux des collégiens.

Voilà les vrais bordels !

L'horrible s'y dispute à l'absurde, et quand l'homme ou l'enfant quittent ces bazars tolérés, ils n'ont même plus dans leur porte-monnaie de quoi payer le spécialiste dont les affiches s'étalent dans les pissotières.

Quant à la nourriture des pensionnaires dans les maisons de tolérance, elle est à discrétion, et plus d'une ouvrière gagnant de quatre à cinq francs par jour se contenterait fort bien d'un semblable ordinaire.

C'est toujours l'intérêt de la patronne de bien nourrir ses pensionnaires ; plus elles ont une santé prospère, plus elles ont une mine fleurie et appétissante, plus elles sont joyeuses et plus elles sont recherchées.

C'est même un point capital, car celui qui va dans une

maison pour se récréer, pour oublier ses ennuis inté-
rieurs, pour se soustraire quelques heures à la mine ren-
frognée et aux rongognements de sa légitime, est fort
aise de rencontrer des visages épanouis; il préfère cela à
voir des faces de déterrées, des figures de Trompe-la-
Mort à faire tourner une soupe au lait.

C'est surtout à table que s'explique le règlement intérieur que chaque tenancier applique à son personnel;
pas un mot, pas un geste, le service est fait en silence,
on n'entend que ces phrases :

— Désirez-vous quelque chose ?

— Oui monsieur ou non madame.

Tout est dit.

Le repas terminé, chacune se lève, sans bruit, et fait ce
qu'elle veut en attendant le client ; leur principale occupation est de « se faire les cartes » pour savoir si « l'as
de carreau » ou le « valet de carreau » sortiront pour
annoncer le facteur qui apporte la réponse à la lettre
envoyée « au petit homme » à sa nouvelle garnison.

Quant à « l'as de pique », qui signifie « la bagatelle »,
il n'en est pas question — ces dames n'aiment pas parler
Travail !

Le personnel des maisons de tolérance est généralement composé de filles nées en province : Berrichonne,
Bourguignonne, Auvergnate, Bretonne, Limousine, etc.,
etc. Quand elles ne jouent pas aux cartes, elles chantent.
C'est absolument amusant de les entendre chanter les
chansons qui ont bercé leur enfance, c'est un souvenir du
pays, un souvenir des jours meilleurs...

J'ai retenu ces couplets que chantaient une bordelaise,
ils datent sûrement de plus de soixante ans, elle ne fut
pas, je suppose, bercée par eux :

On vit Louis quinzième,
Monarque peu chéri,
Quitter le diadème
Pour madame Dubarry.
Le peuple est en souffrance ;
Lui, près du cotillon,
Il oubliait la France,
Quand elle lui prêtait son... Tra la la.

Tout à l'homme est possible,
J'en suis bien canvaincu ;
L'on n'est pas invincible,
On peut être invaincu.
Cet enfant de la guerre,
Le grand Napoléon,
Lui qui soumit la terre,
Fut vaincu par un... Tra la la

Charles, dans sa jeunesse,
Etait un libertin ;
Mais roi, dans sa vieillesse,
Il devint capucin.
En se faisant jésuite,
Ce prince, polisson,
Nous prouva, par la suite,
Son dégoût pour les... Tra la la.

Monseigneur l'archevêque
Et l'épouse du Dauphin,
A la Bibliothèque,
Allaient chaque matin ;
Mais ce pieux cénobite,
Avec son goupillon,

> *Prenait de l'eau bénite,*
> *Mais c'était dans son... Tra le la.*

Dans les maisons adoptées par les militaires, elles chantent des refrains de marche :

> *Madame l'hôtesse jeta un grand cri,*
> *Madame l'hôtesse jeta un grand cri.*
> *Vous me déchirez la croupière*
> *Sans dessus dessous, sans devant derrière ;*
> *Allez-y donc un peu plus doux*
> *Sans devant derrière, sans dessus dessous*
>
> *Quand vous repasserez par ici*
> *Vous reviendrez au logis,*
> *Au logis de la belle hôtesse*
> *Qui remue le cul, qui remue les fesses,*
> *Et la servante qui remue tout*
> *Sans devant derrière, sans dessus dessous.*

Les pensionnaires, disent les ignorants, sur la foi d'écrivains plus ignorants qu'eux, sont exploitées d'une façon indigne, par la patronne, qui les pousse à la dépense pour les retenir ; de plus le « courtage » et le voyage sont « inscrits au compte de la pensionnaire ».

C'est absolument faux, ce serait d'ailleurs impossible avec le système actuel.

Le nouveau système vaut-il l'ancien ?

Je ne le pense pas, car il est une atteinte à la liberté, tout en paraissant la servir.

En voici les raisons :

Aujourd'hui, les pensionnaires n'économisent pas ou que très peu ; quand elles sortent d'une maison, elles sont vite à bout de ressources, elles sont forcées, par misère, d'entrer dans une autre maison ou de tomber dans les sales' pattes d'un souteneur ; tandis qu'autrefois, quand la loi reconnaissait les dettes loyalement contractées, la pensionnaire laissait à la patronne une partie de ses bénéfices de chaque jour au lieu de dépenser au fur et à mesure, et elle pouvait, en quittant la maison, emporter un petit pécule et une malle bien garnie de linge et de toilettes ; elle pouvait ainsi, si elle le voulait, rentrer dans la vie commune, car la société, qui n'a plus de préjugés, n'est pas plus fermée aux femmes qui sortent de maison, qu'à celles qui ont eu des multitudes d'amants.

Aujourd'hui, cette réhabilitation morale est impossible ; en voulant accomplir un progrès, la loi maintient de force dans la prostitution celles qui voudraient en sortir. Il en est ainsi de toutes les théories creuses des sophistes et des législateurs de carton : ils dépassent le but sans l'atteindre.

La maison de tolérance, qui tient si fort au cœur des penseurs d'occasion, est, à mon avis, absolument plus morale que les restaurants de nuit, que les caboulots et que les restaurants du boulevard, où les femmes raccrochent cyniquement, courant de tables en tables, en quête d'un souper, sans garanties pour celui qui se laisse tenter par ces hétaïres malpropres, dont la plupart sont des voleuses.

Tout récemment, le tenancier d'une grande maison de province, en voyage à Paris, entra dans une brasserie connue au faubourg Montmartre ; il avait bien dîné et était préparé à la tendresse ; il se laissa séduire par une

3.

fille, elle l'emmena dans un hôtel du voisinage... Quand il en sortit, sa bourse l'était aussi, mais avec trente louis.

Ce qui venait de la flûte était retourné au tambour!

Un cas semblable ne se produit jamais dans une maison.

D'abord, celui qui pénètre dans une maison de tolérance, sait où il va, il y va de son plein gré, personne, extérieurement, ne le tente, suivant l'importance de la maison il peut calculer sa dépense et la régler à l'avance, il peut ne dépenser que juste ce qu'il veut, il est en toute sécurité pour sa vie, sa santé et sa bourse, s'il y couche, il peut déposer son argent à la caisse.

Il n'y a pas un exemple par mille qu'une fille de maison soit une voleuse, tandis que, tous les jours, les tribunaux de Paris et de province condamnent des filles de trottoirs et des souteneurs, qui ont dévalisé et assommé le client par-dessus le marché.

Je ne compte pas les crimes impunis, car la police ne parvient guère à arrêter une *fille isolée,* qui est généralement sans domicile fixe, tandis que, si une fille de maison commettait un méfait quelconque, elle ne pourrait se soustraire à l'action de la justice, son domicile étant connu. Une heure après avoir été dénoncée, elle serait coffrée.

Quant à la santé, toutes les semaines les pensionnaires passent à la visite sanitaire, qui est très rigoureuse, surtout en province, par la raison que des gens de la ville pourraient être contaminés, et qu'il pourrait en résulter, au point de vue de la famille, de graves conséquences.

Le règlement le veut ainsi; dans les villes de garnison, il a, en outre, en vue l'intérêt sanitaire d'une agglomération de soldats, dans un port maritime, celui des marins, dans les centres industriels, celui des ouvriers.

La santé du client est donc au contraire des brevets *avec garantie du gouvernement.*

La visite est tellement rigoureuse que, pour le moindre bobo, le médecin peut ordonner que la fille soit mise en observation à l'hôpital.

Un exemple :

Dans la ville de X..., la pensionnaire d'une maison, déjà ancienne, se trouva atteinte de rougeurs, qu'un bain simple eut suffi à faire passer ; elle alla à la visite règlementaire et le médecin la garda en observation... trois semaines !

La question sanitaire n'était pas le vrai motif, il en existait deux autres : le premier, le médecin en voulait à la tenancière et lui faisait tout le mal possible et imaginable ; le second, la tenancière payait 2 fr. 50 par jour à l'hôpital pour sa pensionnaire en observation ; c'est assez inique.

Dans la ville de N..., c'est comme chez le célèbre Nicolet, de plus fort en plus fort :

Il existe une maison admirablement tenue sous tous les rapports, elle a spécialement la clientèle des officiers de la garnison. Le médecin major militaire s'est arrogé le droit, contre tous les usages, d'assister à la visite que doit *seul* passer le médecin civil; or, ce major a sans doute eu des mésaventures avec les blondes, car il les a en horreur.

Récemment, le tenancier reçut une superbe femme, pour laquelle il avait fait, pour l'obtenir comme pension-naire, d'énormes dépenses ; comme de coutume, en arrivant, elle passe à la visite.

Le médecin civil l'admit immédiatement, car elle était saine et fraîche comme une pomme d'api, et surtout d'une carnation merveilleuse, seulement elle était... blonde comme les épis murs!

— Sacregnongnedieu, dit la vieille culotte de peau à la belle blonde, habillez-vous et foutez-moi le camp; si vous vous représentez ici, je vous fais foutre à l'ours!

— Mais, hasarda timidement le tenancier, c'est injuste, vous voulez me ruiner.

— Je m'en fous, répondit le Ramollot de la Faculté, elle est blonde et je ne les aime pas, ça suffit et par le flanc gauche.

— Mais enfin...

— Taisez-vous, où je fais boucler votre boîte!

Voilà à quelles vexations sont soumis les tenanciers.

Si c'était tout?

Hélas! non, car tous ceux qui ont mission de les protéger se coalisent contre eux.

C'est ainsi qu'à Besançon, Laval, Tours, Blois, Angers, Bourges, au Mans, etc., etc., certains fonctionnaires favorisent ouvertement la prostitution clandestine et opposent la force d'inertie aux plaintes qui leur sont chaque jour adressées contre la licence scandaleuse de la rue; par contre, ils sont d'une sévérité impitoyable vis-à-vis des maisons de tolérance à qui ils rendent l'existence impossible.

Ce n'est pourtant pas la politique qui a présidé à la création des maisons tolérées dont l'existence, dans la pensée du législateur, était considérée comme une concession inévitable à l'immoralité des grandes villes, afin de sauvegarder à la fois la pudeur et la santé publique en encourageant les filles de mauvaise vie à une sorte de vie claustrale, soit pour les avantages qu'elles y trouvent, soit par le spectacle des vexations auxquelles une sévère application des règlements expose les filles libres.

C'est tout le contraire qui se produit : c'est la *fille libre* qui jouit des immunités policières et administratives, tandis que la *fille tolérée* est en butte à toutes les avanies possibles.

C'est une anomalie, mais en voici une autre qui dépasse la tour Eiffel :

En province, comme mineure, la fille est en carte, elle a en conséquence le droit d'exercer dans la ville, *mais il lui est défendu d'entrer dans une maison avant l'âge de vingt-et-un ans révolus ;* tandis qu'à Paris elle peut, étant mineure, entrer en maison !

Explique qui pourra ce contre-sens.

Mais on est en droit de se demander quel but poursuivent les agents de l'autorité, Maires ou commissaires de police, en étant si durs avec les tenanciers devant le flot montant de la prostitution clandestine ?

Voici un tableau très curieux dont j'emprunte les chiffres, pour une partie, à l'*Annuaire-Rerum* publié chaque année par M. J. Poggiale.

C'est un livre très instructif et éminemment utile à tous les patrons ; il peut être également consulté avec fruit par tous les voyageurs, c'est un guide sûr pour Cythère.

Ce tableau explique l'énorme différence qui existe dans la répartition des maisons ; on comprendra que dans les villes où il y en a le moins, ce sont celles où la prostitution clandestine est la plus élevée, et surtout plus favorisée pour diverses causes :

Paris.....	55 m.,	2.447.557 h.	1 m. pour	44.501 h.
Lyon.....	19 m.,	408.057 h.	1 m. pour	21.477 h.
Marseille..	30 m.,	403.749 h.	1 m. pour	13.458 h.
Bordeaux..	21 m.,	240.582 h.	1 m. pour	11.456 h.
Toulouse..	12 m.,	147.617 h.	1 m. pour	12.301 h.
Angers....	4 m.,	73.044 h.	1 m. pour	18.261 h.
Brest......	21 m.,	70.778 h.	1 m. pour	3.390 h.
Toulon....	24 m ,	70.200 h.	1 m. pour	2.925 h.
Tours.....	10 m.,	59.584 h.	1 m. pour	5.958 h.
Le Mans...	11 m.,	57.591 h.	1 m. pour	5.236 h.
Besançon..	11 m.,	56.511 h.	1 m. pour	5.118 h.
Bourges...	4 m.,	42.829 h.	1 m. pour	10.732 h.
Dunkerque	15 m.,	38.025 h.	1 m. pour	2.535 h.
Rochefort.	12 m.,	33.343 h.	1 m. pour	2.771 h.
Laval.....	3 m.,	30.527 h.	1 m. pour	10.175 h.
Blois......	2 m.,	23.457 h.	1 m. pour	11.728 h.
	251 m.,	4.447.491 h.		447.491 h.

Il résulte de ce tableau que, si la proportion des maisons de tolérance était en rapport avec le nombre des habitants, malgré que le Dr Fiaux dise qu'il ne faut pas se préoccuper de cela, Paris devrait avoir **94** maisons au lieu de **55**, Marseille **15**, le chiffre est juste, Lyon **15** au lieu de **19**, et Toulon **2** au lieu de **24** !

En Suisse, à Genève, où la pudeur protestante est sans limites, il y a *quatorze* maisons, ce qui fait une maison par 3,747 habitants.

A Liège, pour 140,327 habitants, il y a *vingt maisons*, soit une maison par 7,016 habitants.

A Bruxelles, 7 maisons.

A Anvers, 3 maisons.

A Gand, 4 maisons.

La Commission royale d'enquête a voté la suppression des maisons de tolérance, on voit que la nécessité est plus forte que la loi.

Voici maintenant, exactement, les fluctuations subies par les maisons de tolérance à Paris après quatre-vingts ans de fonctionnement.

PARIS

1807. 190 maisons de tolérance.
1818. 173 — 422 pensionnaires.
1832. 199 — 922 —
1845. 186 ··· 1.206 —
1854. 160 — 1.009 —

A partir de 1843, après l'ordonnance du préfet de police Delessert, voici le tableau pour le

DÉPARTEMENT DE LA SEINE

1845. 235 maisons, 1.450 pensionnaires.
1850. 219 — 1.679 —
1856. 202 — 1.978 —
1861. 196 — 1.823 —
1869. 152 — 1.206 —
1872. 142 — 1.124 —
1876. 133 — 1.145 —
1881. 125 — 1.027 —
1886. 84 — 882 —
1888. 72 — 748 —
1889. 69 — 671 —
1891. 60 — 597 —
1893. 55 — 506 —

Les moralistes à courte vue attribuent la décroissance des maisons de tolérance à leurs efforts combinés ; il n'en est rien, elle est due au relâchement de l'autorité, aussi bien en province qu'à Paris, pour la surveillance de la prostitution clandestine.

Car cette surveillance est absolument illusoire.

En 1813, il y avait 1,700 filles inscrites ; en 1819, 2,995, et quelques milliers de filles *isolées* et *d'insoumises.*

Aujourd'hui, le nombre des filles inscrites est moindre qu'il y a soixante-quinze ans, mais on compte cent mille filles !

Ces chiffres se passent de commentaires.

IV

Les différents genres de marmites. — Comment on devient marmite. — Proxénètes et maisons de tolérance. — Faffa a lestorgue. — Un maquillage intelligent, mais canaille. —.Les proxénètes et la prostitution clandestine. — Une école de natation en chambre. — Une loi de 110 ans. — Un ouvrage facile, on gagne de suite. — La masseuse. — Madame Laure. — Avez-vous besoin d'argent? — Ma tante. — Une conversation intéressante. — Des voisines épatées. — Le truc de la dame de charité. — Madame Cora — la manicure. — Un costume peu gênant pour jouer au chien-vert. — Un air de muzette.

La *marmite*. D'où vient cette expression?

D'après Lorédan Larchey, c'est une fille publique *nourrissant* son souteneur.

Un souteneur sans sa *marmite*, dit Canler, c'est un ouvrier sans ouvrage.

La *marmite de terre* est une prostituée qui ne gagne pas de *pognon* (argent) à son souteneur.

La *marmite de fer* commence à être cotée, elle gagne un peu.

La *marmite de cuivre*, suivant Halbert, est une mine d'or.

Marmite, d'après A. Pierre, est une femme qui n'abandonne pas son mari ou son amant en prison et lui porte des secours.

On ne sait au juste, en somme, l'origine de ce vocable,

mais dans le peuple, *marmite* est une expression usitée depuis longtemps et employée fréquemment pour qualifier une femme qui trompe son mari avec son consentement : *Elle fait bouillir la marmite.*

Quand les amants ne sont pas généreux, que les recettes baissent, on dit communément : *Il y a un crêpe sur la marmite.*

La *marmite* n'est pas ce qu'un vain peuple pense ; quand on appelle une femme ainsi, immédiatement cette expression évoque l'image d'une fille de la rue, d'une péripatéticienne qui a la religion et la philosophie du trottoir ; c'est une erreur : la *marmite* n'est pas que sur le trottoir, on la rencontre à tous les degrés de l'échelle sociale, en bas comme en haut.

Elles sont légions.

La *marmite* de la rue, sale, déguenillée, vieille, émaciée, laide à mettre dans un cerisier pour effaroucher les moineaux, qui nourrit un voyou, son souteneur, fainéant, voleur, et à l'occasion assassin si le *miché crible à la grive* (appelle au secours).

Celle-là, c'est la plus mauvaise et la plus terrible.

La *marmite* mariée, dont le mari gagne cent sous par jour et dont le ménage dépense mille francs par mois.

La *marmite* de brasserie, qui subvient à la fois aux besoins de son souteneur et d'une *amie.*

La *marmite* bourgeoise, qui vole la caisse et compte le beurre cent sous la livre pour entretenir un de ses commis sur un pied *select.*

La *marmite* cabotine, qui fait casquer ses protecteurs pour subventionner son directeur afin d'avoir un rôle.

La *marmite* du demi-monde, qui entretient tour à tour

une femme et un homme, son cocher et sa femme de chambre, quelquefois les deux ensemble.

La *marmite* du grand monde, qui mange sa fortune avec un rastaquouère.

La *marmite pedé* (abréviation de pederaste) un *actif* ou *passif*, amant et maîtresse qui entretient sa *tante* (homme qui a des goûts de femme) ou son *Jésus* (jeune garçon qui subit l'homme).

Il y en a pour tous les goûts, de toutes les couleurs, que c'est comme un bouquet de fleurs !

Le nombre des souteneurs de toute catégorie, à Paris, depuis ceux qui habitent de somptueux hôtels dans les quartiers aristocratiques, jusqu'à ceux qui végètent dans les bouges à dix sous de la rue Maubuée, dépasse cent mille ; il y a donc, par conséquent, un chiffre égal de cent mille *marmites*, de quoi faire la soupe à une armée entière.

Pour être marmite, il faut d'abord commencer par être putain ; cette profession ne nécessite pas un long apprentissage, et l'outillage ne s'est pas perfectionné ; il est toujours le même que du temps de notre mère Ève ; il n'en est pas de même pour les qualités de la *turbineuse* (travailleuse), chaque siècle a apporté son contingent de raffinement, le nôtre surtout.

Pour confectionner une *marmite*, il faut préalablement extraire le minerai du sol, l'épurer ; le haut fourneau en fabrique ensuite une *gueuse*(1) ; le mouleur, à l'aide de

----

(1) *Gueuse*, se dit d'une masse de fonte et d'une prostituée, expression connue depuis 1712. *Cocotte*, petite marmite en fonte en usage chez le peuple.

sable et de charbon pulvérisé, prépare son moule ; le fondeur met la *gueuse* en fusion, il ouvre le cubilot, la fonte coule en trainée flamboyante ; quand elle est refroidie, la *marmite* est propre au service, la *cocotte* est confectionnée de même manière.

La *marmite en terre* est l'œuvre du potier ; celle de ferbattu, l'œuvre du ferblantier ; soudée ou agrafée, celle de cuivre est l'œuvre du chaudronnier ; emboutie ou repoussée au marteau, celles-là sont les utiles qui, pendues à la crémaillère dans les hautes cheminées de nos campagnes, servent à faire la soupe et à faire cuire les pommes de terre pour engraisser les cochons.

Pour confectionner l'autre *marmite,* il ne faut pas tant de préparations : un banc, une borne, un pavé, une chaise, une paillasse, un canapé, un lit, ou les fossés des fortifications et deux personnages.

La *marmite* n'est alors qu'à l'état d'embryon ; neuf mois plus tard, Madame Guette-au-Trou, la sage-femme du coin, en quelques secondes la met au point.

La *marmite* a pour professeur naturel son père et sa mère, le père par bestialité, la mère par âpreté ; elle n'a pas généralement la tête dure, et les leçons, comme disent les portières, ne tombent pas dans l'oreille d'un sourd.

La première leçon lui est donnée à sept ou huit ans, suivant sa précocité et son développement.

La plupart du temps, les logements d'ouvriers (la classe qui fournit le plus de *marmites*) ne comportent généralement qu'une seule pièce, quelquefois deux, mais rarement, par la cherté des loyers.

Tout se fait dans l'unique chambre : la cuisine, la toilette, l'amour ; le pot de chambre fait bon ménage avec la soupière qui contient le repas du lendemain.

Les enfants, filles et garçons, couchent ensemble, c'est une promiscuité révoltante ; le petit frère achève la leçon du père, comme quelquefois c'est la petite qui la lui donne ; c'est le berceau de la prostitution ; MM. les réformateurs socialistes ne feraient pas mal d'étudier les moyens de détruire ces foyers d'infections.

Les gens peu au courant de la question, qui ne connaissent de la prostitution clandestine que ce qu'ils ont lu dans des bouquins, peut-être savants, mais assurément faux au point de vue de l'observation, s'imaginent que les filles publiques, comme pour les maisons de tolérance, sont forcées d'avoir vingt-et-un ans révolus, leur majorité, pour exercer le commerce de leur viande, c'est une erreur ; à Paris, comme dans toutes les grandes villes de province, la prostitution n'a pas d'âge, pas plus qu'elle n'a de sexe ; elle s'exerce de onze à soixante-dix ans, jusqu'à ce que la bête soit fourbue.

La prostitution revêt toutes les formes, elle se transforme de mille manières, plus ingénieuses les unes que les autres.

Les filles du trottoir dépensent plus d'imagination pour faire le *miché* (homme riche et généreux) que Fulton n'en dépensa pour inventer la vapeur ; elles ont trouvé le point d'appui plus facilement qu'Archimède, et bien avant lui.

Partout, en France, la prostitution s'exerce sous une apparence commerciale ; ce n'est pas de sauver les apparences que se préoccupent les filles, c'est pour que les timides puissent franchement satisfaire leurs passions et puissent, le cas échéant, exciper de leur ignorance du lieu d'où ils viennent.

Ceci dit, comparons un peu tous les trucs employés par les proxénètes qui alimentent *les maisons de rendez-vous*, celles qui en sont les titulaires occultes, la prostitution commerciale, et par les *isolées* du trottoir.

Généralement, l'autorité est très sévère pour les tenanciers qui, par hasard, se trouvent avoir une fille mineure dans leur personnel; ils ont beau établir leur entière bonne foi, rien n'y fait, on les poursuit impitoyablement; pourtant, le commissaire de police chargé d'appliquer la loi dans les petites villes, et le commissaire central dans les grandes n'ignorent pas combien, et avec quelle audace, les tenanciers sont exploités.

Il existe des agences où se fabriquent des *faffes a lestorgue* (faux papiers).

D'une fille de 17 ans, on en fait une de 22; elle est née à Marseille, on la rend originaire de Lille; elle est brune, on la fait teindre en blond, et *vice versa;* elle s'appelle Joséphine Mironeau, on la dénomme Henriette Lebardy.

Voilà une femme avec des papiers réguliers, du moins en apparence.

Elle prend le train et arrive dans la maison qu'elle a choisie, la ville ne fait rien, le commissaire de police l'enregistre après avoir constaté son identité.

Le tenancier l'emmène à la maison, on la visite, elle est saine, on l'habille et on l'installe.

Tout semble marcher à souhait. La fille est galbeuse, instruite, elle est aimable et très au courant de son affaire, le tenancier se réjouit de la bonne aubaine qui lui a fait mettre la main sur un sujet rare.

Mais voilà que tout à coup une plainte anonyme arrive au Parquet dans laquelle on dénonce par vengeance, par jalousie ou par intérêt, le véritable état civil de la fille.

Le Parquet transmet la plainte au commissaire de police et le charge de faire une enquête sur la véracité des faits allégués.

Le commissaire mande la fille à son bureau, il l'interroge habilement ; après de nombreuses réticences elle avoue son âge, on lui fait immédiatement quitter la maison aux frais du tenancier.

Le tenancier, qui est parfaitement innocent dans cette aventure puisqu'il était couvert par le commissaire de police qui avait vérifié les papiers de la fille, non content d'avoir à supporter de gros frais si le point de départ de sa pensionnaire était éloigné, tombe sous le coup de l'article 334 du Code pénal !

C'est une simple ignominie, car le tenancier était en droit de se croire en toute sécurité.

En ce cas très fréquent, car les faux papiers constituent un commerce important, ce n'est pas le tenancier qu'il faudrait atteindre, ce sont les proxénètes qui font fabriquer ces faux états civils pour placer plus facilement leur marchandise.

Loin de les frapper, on les laisse parfaitement tranquilles, protégées par une puissance mystérieuse dont nous trouverons la clé pour expliquer la quiétude *des maisons de rendez-vous.*

La prostitution clandestine n'est donc que la conséquence du proxénétisme, il n'y a pas à sortir de là.

43 *proxénètes* seulement ont été condamnées à diverses peines depuis huit ans, alors qu'il existe, à Paris seulement, au moins *deux cents maisons* de prostitution clandestine *connues de la police.*

En province, il en est de même.

Si la prostitution s'ingénie à trouver mille moyens pour

se soustraire à la loi, les proxénètes sont cent mille fois au-dessus comme ingéniosité.

Elles ne craignent pas de recourir cyniquement à la quatrième page des journaux ; elles choisissent de préférence les feuilles à grand tirage et à riche clientèle.

Les annonces sont discrètes, bien malin qui y verrait mal ; ce n'est que lorsqu'elles sont pincées, par hasard, que le truc se dévoile devant le Tribunal correctionnel.

Ces annonces sont des plus curieuses et des plus variées.

Mme D'ALGER
4 à 6 h. Leçons de natation pour dames du monde, 12, rue Balzac.

La dame du monde était une fille Vasseur, ancienne laveuse de vaisselle dans un bouillon Duval; elle avait pour complice un ancien garçon de lavoir. On comprend que c'était une maison de rendez-vous et que dans cette école de natation on faisait surtout des passades, et que si ces dames vous enseignaient à tirer la coupe ou à faire la planche, cela coûtait plus cher qu'aux bains à quatre sous; en revanche, il y avait moins d'eau.

La piscine était une cuvette !

Ils furent, toujours par hasard, condamnés à 400 francs d'amende. Je vous donne en mille à deviner sur quelle loi le tribunal s'appuyait pour appliquer une peine aussi dérisoire, étant donné que cette « école de natation » fonctionnait depuis longtemps.

Le tribunal s'appuyait sur l'article suivant d'une *ordonnance de 1778 encore en vigueur* :

« Seront condamnés d'une amende de cent livres tous hôteliers, aubergistes, logeurs ou loueurs de maisons garnies qui auront donné à loyer des appartements, logements ou chambres meublés à des filles ou femmes se livrant habituellement à la débauche. »

Trois filles mineures furent trouvées, lors de la descente de police, sans caleçon de bain, occupées à frictionner vigoureusement un vieux monsieur qui avait failli se noyer dans une... coupe de champagne.

Ils dénoncèrent les racoleurs qui alimentaient leur « école ». Ils étaient deux, un homme et une femme; ils habitaient un coquet appartement, au premier de la rue des Filles-du-Calvaire.

Pour racoler, ils procédaient fort simplement.

Chacun sait que, depuis quelques années, l'usage s'est établi d'apposer, dans des endroits spéciaux, à la devanture des mercières ou des marchands de vin, des petites affiches manuscrites demandant des ouvrières. Les quartiers ouvriers regorgent de ces affiches :

ON DEMANDE de suite des petites mains pour un travail facile. On gagne en commençant. Rue des Filles-du-Calvaire, nº .

Les fillettes se rendaient à l'adresse indiquée et trouvaient plusieurs camarades cherchant également du travail. La proxénète faisait manger son petit monde quelquefois deux, trois ou quatre jours. L'affiche n'avait pas menti, le travail était facile : il n'y avait jusque-là rien à faire. Les maîtresses des maisons de rendez-vous,

4

prévenues qu'il y avait du gibier, venaient faire leur choix, la racoleuse touchait sa commission et le tour était joué.

Quand le magistrat se transporta rue des Filles-du-Calvaire, il y avait sept jeunes femmes réunies dans la salle à manger ; on les lui présenta comme étant des... ouvrières !

Il va sans dire que tous furent envoyées au Dépôt.

MME DENISE Massage aux élèves de 1 h. à 5 h., rue Léonce, n° .

Cette annonce fut publiée dans le *Gil Blas*; elle était assurément incompréhensible pour le gros du public ; heureusement que, pour les lecteurs de cette feuille, il existe des dictionnaires dans lesquels on peut lire :

MASSAGE. — Action de masser.

MASSAGE. — Presser, pétrir avec les mains toutes les différentes parties du corps pour donner de la souplesse aux membres.

Si la masse du public ne comprenait pas, il n'en était pas de même pour les habitués des maisons de rendez-vous qui savent discerner dans les annonces les plus bénignes « l'invite à... cœur »; aussi accoururent-ils tous en foule chez la *masseuse*.

Les « jeunes élèves » de Mme Denise (de son vrai nom Angèle P...) rivalisaient de zèle pour satisfaire les clients, quoiqu'il y en eut de rudement difficiles.

Le client, au préalable, faisait son choix. Parmi les *masseuses*, il y en avait des brunes, des blondes, des rousses, des châtaines, de quoi satisfaire tous les goûts.

Mme Denise se contentait de donner des conseils.

Ces demoiselles avaient exigé le repos dominical ; c'était explicable : il est dur de *masser* une semaine ; c'était un repos bien gagné.

Cela ne faisait pas le compte de la m... *asseuse*, car la clientèle, pour une grande partie, étant retenue toute la semaine par ses affaires, attendait le dimanche avec impatience pour se faire masser. Le dimanche, à la porte de Mme Denise, c'était une véritable procession. Désolée de manquer la recette, elle eut une idée géniale : elle chargea sa fille Céline, une gamine de quinze ans, de recevoir les clients ; à ce qu'il paraît, la jeune *masseuse* était très au courant du métier, car elle satisfit si bien ces messieurs, que Mme Denise renvoya ses élèves et sa fille opéra toute seule. Dénoncée, elle s'en tira avec quelques mois de prison.

La petite Céline opère pour son compte aujourd'hui, sous le nom de Mme Laure, et les habitués trouvent que Laure n'est pas une Chimère !

Il y a quelques mois, au coin du boulevard Saint-Denis, un distributeur de prospectus vous glissait doucement dans la main un papier rose ainsi libellé :

Avez-vous besoin d'Argent?

ACHAT DE RECONNAISSANCES

du Mont-de-Piété

FACULTÉ DE RACHAT

Faubourg Saint-Denis, n°   , 2ᵉ étage

Cette agence était tenue par une vieille comtesse déchue que les ouvriers du quartier, par allusion à sa profession apparente de marchande de reconnaissances du Mont-de-Piété, appelaient *ma tante*.

Le truc était des plus simples : au lieu d'avoir des *rabatteurs* coûteux, complices avec lesquels elle aurait dû partager et qui auraient pu la dénoncer, elle attendait très tranquillement chez elle les petites fillettes.

Chacun sait que, dans les quartiers ouvriers, le père part le matin travailler à sa journée et qu'il ne rentre que le soir, après maintes stations chez les mastroquets; la mère souvent travaille de son côté ou passe son temps à cancaner chez les voisines. Or, malgré le travail, le salaire étant insuffisant, c'est pis encore quand le chômage ou la maladie s'abattent sur la maison, il faut recourir au Mont-de-piété jusqu'à la dernière guenille, et après le Mont-de-Piété, au marchand de reconnaissances; dans ce cas, le père signe un pouvoir sur un chiffon de papier, on y joint la dernière quittance de loyer (s'il est payé) ou la carte d'électeur, et la gamine va engager les reconnaissances à raison d'un prêt de vingt francs par cent francs et moyennant un intérêt de deux francs par mois pour vingt francs, soit 120 0/0!

La vieille proxénète, qui n'avait pas d'employés, recevait elle-même les jeunes et jolies fillettes de douze à quinze ans, elle leur offrait des bagues, des bracelets, des broches en *toc*, c'est-à-dire en *doublé* de dernière qualité, puis leur montrait des images ordurières, des cartes par trop transparentes, puis leur payait le prix de leurs reconnaissances en les engageant à venir quelquefois « causer » avec elle.

Pour la première fois, c'était tout; il ne fallait pas effaroucher l'oiseau.

Les fillettes, pour la plupart, ne tardaient pas à revenir : nouvelles exhibition d'images et un bout de conversation très instructive :

— Vous êtes bien mal habillée, ma pauvre petite.

— Chez nous, on n'est pas riche.

— Vous devez vous ennuyer à la maison, surtout le dimanche alors que tout le monde va à la campagne?

— Oh! oui, madame.

— Et puis cela doit vous humilier de voir vos petites amies vêtues à la mode?

La conversation s'arrêtait là. La fillette s'en allait le cœur gai; les insinuations de la vieille coquine germaient dans sa jeune cervelle.

A la troisième visite, le terrain était préparé : un vieux monsieur se trouvait là comme par hasard; il caressait doucement la fillette, et... quelques jours plus tard, elle n'avait plus rien à apprendre.

4.

Et le père et la mère?

Les trois quarts du temps, quand les parents s'aperçoi-
vent du changement opéré dans les habitudes de la fillette, ils ne s'en émeuvent pas, ils songent plutôt à en
profiter. C'est plus pratique.

Que l'on ne crie pas à l'invraisemblance ou à un cas
exceptionnel, j'ai connu plus de cent cinquante familles
dans ce cas-là. Je vais même plus loin : dans beaucoup,
le vieux protecteur est reçu à la maison, et quand il arrive
chargé de victuailles et de friandises, c'est une véritable
noce; on invite même les voisines pour les « épater ».
Les voisines ne trouvent à dire, pour juger cet acte révol-
tant, que ceci :

— Elle a *mince* de chance la *môme*.

Et puis il y a les petites sœurs plus jeunes qui comprennent déjà et soupirent!...

La vieille proxénète fut dénoncée, puis arrêtée; mais
comme elle menaça de *casser du sucre*, c'est-à-dire de
donner les noms de certains de ses habitués haut placés,
elle fut vite relâchée.

Elle est aujourd'hui à Bruxelles, où les *rabatteurs* pari-
siens lui adressent *des colis* qu'elle exporte à l'étranger.

A époques indéterminées, on constate, sur certains points
de Paris, des détournements de mineures en masse; cette
épidémie sévit principalement dans les ateliers de fleu-
ristes, de plumassières et de couturières de la rue Saint-
Denis et s'étend souvent dans les ateliers de polisseuses
de la rue du Temple.

Il y a un an ou deux, des dénonciations et environ cent
plaintes arrivèrent au parquet qui ouvrit une enquête
sérieuse qui aboutit à cette découverte :

Il existait dans Paris, faubourg Montmartre ou faubourg
Poissonnière, une vieille femme qui se disait la veuve
d'un haut fonctionnaire. Elle avait commencé par vendre
ses trois filles, puis ensuite avait hazardé ses deux nièces,
mises en goût par ce lucratif commerce dont la nature
avait fourni le fonds ; elle songeait à donner de l'extension
à son exploitation.

A peu près sûre de l'impunité, elle créa dans les beaux
quartiers des agences, qui fonctionnèrent ouvertement,
sous ce titre : *Agence dramatique et lyrique.* Elles étaient
tenues par des individus qui avaient, on le devine, pour
mission de racoler les jeunes filles de douze à seize ans.
Tous les jours ils communiquaient avec la vieille proxénète que dirigeait l'*Agence centrale* ; comme pour la cuisine
bourgeoise, rien n'était consommé sur place ; on portait
en ville, c'est-à-dire qu'elles recevaient les commandes, et
sous la conduite d'une femme dévouée, quelquefois elle-
même quand cela en valait la peine, elle menait les fillettes au domicile des vieux satyres ou dans des maisons
particulièrement désignées.

Elle ne fut pas arrêtée, malgré toutes les plaintes imaginables, car elle était protégée par des puissants personnages qui ne voulaient pas voir disparaître la pour-
voyeuse de leurs passions bestiales.

Toutes les proxénètes n'ont pas les ressources suffisantes pour créer des agences somptueusement meublées.

Elles se déguisent alors en *dames de charité !*

A onze et demie ou à quatre heures, elles se placent à
la sortie des écoles, elles guignent les fillettes à l'aspect
délurée, aux regards provoquants, bien bâties ; la robe
courte est excellente pour juger par les jambes de l'installation du sujet.

Il faut dire qu'elles opèrent principalement dans les quartiers ouvriers, où les fillettes dégourdies par un contact permanent avec les gamins, sans compter les exemples de la maison, sont d'une précocité extraordinaire.

Elles abordent les enfants sous un prétexte futile; c'est l'enfance de l'art.

Après une série de questions qui donnent la mesure de l'intelligence de la petite fille, elles lui demandent son adresse; ce renseignement obtenu, l'affaire est dans le sac.

Ces dames de charité... du vice sont toujours deux, comme les sœurs quêteuses, cela inspire confiance; elles se rendent le lendemain ou le jour même au domicile indiqué et distribuent un secours insignifiant, puis donnent une adresse pour que la fillette aille chercher un secours plus abondant.

La petite n'y court pas, elle y vole et tombe dans une maison de prostitution clandestine!

Quels risques courent ces proxénètes?

Si on les pince, elles n'ont pas conduit l'enfant; elle y est allée, seule, de son plein gré, l'alibi est certain.

Place de la Bourse il existait, il y a encore peu de temps, une maison à laquelle étaient spécialement attachées ces deux proxénètes; lorsque la police se décida à opérer une descente, elle trouva un établissement merveilleusement organisé, le marquis de Sade n'aurait pas osé rêver un pareil raffinement; la crème de la suprême débauche.

Après la *masseuse*, devait fatalement venir la *manicure*, ce dernier titre était plein de promesses !

MME CORA manicure. Travail soigné de 2 h. à 7 h. Chaussée d'Antin, nº .

Sur la porte de l'appartement, il y avait une plaque de cuivre portant ce mot : *Manicure*, et au-dessous une main d'une finesse aristocratique.

L'appartement était somptueux et était fréquenté par une riche clientèle ; le 16 avril 1892, le commissaire de police du quartier fit une descente ; il est impossible, aux termes mêmes de son rapport, de citer un fait pour donner une idée de ce qu'il constata ; disons seulement que, dans un salon, une demi-douzaine de jeunes filles, dont la plus âgée n'avait pas seize ans, jouaient au *chien-vert* dans un costume qui ne les gênait pas pour écarter.

Elles étaient complètement nues.

Dans un autre salon, le commissaire trouva un groupe dans le même costume ; le monsieur se faisait jouer un *air de musette !*

Cette proxénète, peu roublarde, fut condamnée à treize mois de prison par la 9e Chambre correctionnelle !

V

Les proxénètes. — Profession dissimulée. — Au prix où est le beurre. — Une location ingénieuse. — Prix courants. — Proxénètes condamnées. — Un chiffre concluant. — Pour un franc. — Un vieux monsieur de la campagne. — Un propriétaire proxénète. — Voyeur pour homme seul.

Le plus souvent, c'est sous le couvert d'une industrie spéciale, le *commerce à la toilette*, que les femmes adonnées au proxénitisme se mettent en relation avec un nombreux personnel de jeunes filles ou femmes, ouvrières sur le point de cesser de l'être, domestiques sans places, avides de toilettes et de plaisir, femmes entretenues en disponibilité, et qu'elles se font auprès d'elles les intermédiaires des propositions galantes les moins prudentes et les plus dangereuses, bravant le Code par cupidité, s'attaquant à des filles mineures, plus ou moins livrées à elles-mêmes par l'incurie et l'abandon de leurs parents, et elles les détournent à leur profit de la voie du travail.

Dans cette catégorie du proxénitisme, les plus habiles dissimulent leurs manœuvres sous l'exercice apparent d'une profession où l'on emploie des ouvrières. Par l'enseigne, elles sont couturières ou modistes. Dans la maison, la mise en scène est complète ; il y a des étoffes, des travaux en train. En réalité, c'est un lieu de débauche où souvent, sous prétexte d'un travail lucratif, on entraîne les jeunes filles qui ne tardent pas à se pervertir.

Que de nuances dans l'exploitation de la débauche ! L'une d'elles comprend la classe nombreuse du proxénitisme inconscient et qui procède par de mauvais conseils intéressés. Il s'exerce dans presque tous les lieux publics où des femmes figurent à un titre quelconque. Il est tout entier dans ce propos tenu par un impresario de café-concert à une de ses chanteuses : — Vous chantez bien, mais vous êtes trop sévère avec les hommes.

Sur ce terrain brutal du fait, où la question se traite sans métaphore, il y a le cocher qui, aux premières démonstrations de nature à l'édifier sur les dispositions de son voyageur, offre à ce dernier de le conduire chez des femmes ; il y a les garçons du restaurant, auxquels on demande une *femme* comme s'il s'agissait d'un article porté sur la carte.

Il y a enfin les tapissiers qui installent des filles dans des appartements meublés par eux, et qui touchent un prix de location quotidien destiné à former un prix de vente après complet payement.

Que de types, depuis la marchande à la toilette encore misérable, tendant la main pour recevoir le prix de leurs ignobles accointances ou prêtant, moyennant loyer, quelques pauvres accoutrements à une prostituée du ruisseau, jusqu'à l'opulente proxénète qui peut, en un clin d'œil, transformer en une fastueuse courtisane la fille indigente qu'elle a corrompue et à laquelle elle vendra ou louera, pièce à pièce et à des prix fabuleux, son linge, ses vêtements et ses meubles.

Pour ces dernières, les chiffres sont éloquents. Ils montrent les gouffres dans lesquels s'engloutissent les fortunes ; on a payé en pareil cas :

Un peignoir............ **110 francs.**
Une chemise de nuit..... **300** —
Une chemise ordinaire... **210** —
Douze jupons............ **330** —

Certaines blanchisseuses du Quartier Latin louent, l'été, des robes et des mantelets de mousseline blanches aux coureuses de crèmeries ou de bals publics en quête d'un dîner ou d'un gîte.

La location ne comprend pas seulement des draps, des serviettes, du linge de corps, des articles au prix de 10 francs par jour, mais des bijoux de prix.

Voici les prix courants :

Une parure............. **30 francs.**
Une bague .... **10** —
Un bracelet............ **15** —
Un diadème............. **100** —
Une aigrette........... **90** —
Une montre et sa chaîne. **30** —

Voilà vingt ans passés que M. Lecour, bien placé pour connaître les dessous de la prostitution clandestine, publia ces lignes dans un volume très recherché et très rare ; depuis, que de chemin a fait le proxénétisme !

C'est que la police, si dure en France pour les *maisons de tolérance* qu'elle a mission de protéger, garde ses tendresses pour les *maisons de rendez-vous*, ce n'est pas à discuter.

En voici la preuve :

5

Proxénètes condamnées.

1855	84
1860	60
1865	64
1875	29
1880	17
1885	8
1892	11
	273

En trente-cinq ans, **273** condamnations, soit une moyenne de **8** par an !

Que voit-on dans les *maisons de rendez-vous ?*

Femmes nues, puces travailleuses, tableaux vivants, chasse à courre, en un mot tout ce que l'imagination la plus pervertie peut rêver.

Je conseille aux moralistes du genre de M. Fiaux de demander la fermeture des maisons de tolérance sous prétexte que ces maisons sont des lieux de désordre ; dans les chambres c'est possible, mais comme elles sont closes, cela ne regarde que le client et la femme, il n'a pas payé pour que l'on lui récite un *Pater* ou un *Ave,* mais dans l'estaminet ou dans le salon, qu'y a-t-il ?

Des gens qui boivent, fument, causent ou chantent, c'est plus décent que dans beaucoup de cafés publics ; d'ailleurs, comment pourrait-il en être autrement, puisque un article de la loi en vigueur autorise les commissaires et autres officiers de police à pénétrer à toute heure de jour et de nuit dans les *maisons tolérées.*

Voit-on d'ici le commissaire et ses agents au milieu de ces dames en costume primitif.

Donc, laissons ces racontars à la légende et revenons aux *maisons de rendez-vous :*

Nous avons vu plus haut la nomenclature des professions qui couvrent le métier de proxénète ; M. Lecour en a oublié quelques-unes, peut-être ne les connaissaient-ils pas, car depuis vingt ans il a passé de l'eau sous les ponts, il faut ajouter : l'interprète, le chasseur des grands cafés, le commissionnaire, la tireuse de cartes (maquilleuse de Brèmes), la courtière en bijoux, et souvent c'est le père même qui vend sa fille ; il y a de nombreux exemples de ce dernier cas. Les Tribunaux ont fréquemment l'occasion de juger les auteurs de semblables monstruosités, mais malgré que les magistrats soient impitoyables, ils sont impuissants.

Il y a quelques années environ, la Cour d'assises de la Seine condamnait par contumace, à dix ans de travaux forcés, un Italien du nom de B.....i, ex-chef de la figuration des enfants à l'Eden-Théâtre, à l'époque — juillet 1887 — où l'on jouait la *Cour d'amour.*

B.....i disparut en annonçant qu'il allait se jeter dans la Seine. Etant au piano, presque chaque soir, il commettait des attentats sur les petites filles qu'il avait sous sa direction.

Il leur apprenait la *Marche indienne.*

Celle qui lui valut sa condamnation était une gamine de douze ans nommée Marie M.....x ; sous le prétexte de lui faire raccommoder un accroc à son maillot, il l'avait fait monter dans sa loge et... au bout d'un certain temps il l'avait renvoyée en lui donnant *un franc* et en lui défendant de rien dire à *sa mère.*

Ah ! s'il avait connu la *mère,* il aurait sûrement fait marché avec elle pour d'autres séances, car quelque temps plus tard, la *mère* comparaissait devant la 10e Chambre correctionnelle pour avoir vendu la petite Marie à une proxénète, la fille Magnin.

La proxénète, qui était en rapport constant et direct avec plusieurs vieux cochons, la livra souvent pour une rosière. Un jour, le pot aux roses se découvrit, la petite Marie refusa de continuer le métier qu'on lui imposait et cessa de rapporter l'argent qu'elle gagnait chez la Magnin. La *mère*, furieuse de voir lui échapper cette source de bénéfices, battit l'enfant abominablement et eut le toupet de la dénoncer au commissaire de police de son quartier, en priant le magistrat de la faire mettre en correction comme étant une gamine incorrigible.

La malheureuse enfant était atteinte d'une maladie vénérienne. Elle fut envoyée à l'hôpital des Enfants assistés.

Quant à la *mère*, elle fut gratifiée de deux ans de prison et la proxénète en eut pour huit mois.

Un détail bien curieux fut révélé aux débats :

Un *vieux monsieur de campagne*, qui n'était pas autrement désigné dans la procédure, avait promis aux deux abominables femmes une somme de deux mille francs pour Marie qu'on lui avait garantie comme vierge, alors qu'elle était contaminée jusqu'aux moelles, la *mère* disait à ce propos :

— Cet argent-là me fera un rude bien, j'en ai joliment besoin.

Quant au *vieux monsieur de campagne*, il garda son argent pour se faire soigner.

La mère proxénète ! Si cela ne se comprend pas, cela peut s'expliquer par l'empire qu'elle a sur son enfant, et la crainte qu'elle lui inspire, mais un *propriétaire proxénète*, voilà qui est plus rare.

Il existe, dans une rue avoisinant la place Pigalle, rue qui porte le nom d'un amiral célèbre, un propriétaire qui a deux bonnes à son service; il va sans dire qu'elles n'y restent pas longtemps. Le soir venu, vers neuf heures, les deux bonnes partent chacune de leur côté, elles vont au hasard et racolent, elles *ramènent* les hommes à la maison... Aussitôt qu'ils sont partis, le propriétaire arrive et ramasse l'argent.

Ceci n'est pas mal comme invention, mais ce qui est mieux, c'est que dans la chambre où se livrent les bonnes, il y a *des voyeurs pour lui seul.*

Jamais il n'invite d'amis.

Voilà un rude gourmand.

VI

Pourquoi le chiffre des *maisons de rendez-vous* est-il
aussi élevé ?

La police des mœurs ignore-t-elle donc qu'elles existent ?

Pas le moins du monde, elles sont *tolérées* jusqu'au
jour toutefois où des plaintes s'élèvent contre elles pour
des scandales trop éclatants ou pour un trop grand abus
de mineures.

La raison de cette *tolérance*, au mépris de la loi et au
détriment des *maisons tolérées*, c'est qu'elles sont une
source précieuse d'informations, source peu morale,
mais utile à ce qu'il paraît pour le bon fonctionnement
de la police.

Proxénètes et mouchardes, c'est complet. Du reste, les
femmes ont toujours été les meilleurs agents politiques,
et même au point de vue criminel.

Un ancien préfet de police, bien placé pour traiter cette question, a publié ceci jadis au sujet des maisons de prostitution clandestine :

« A la différence des maisons de tolérance, elles *n'ont généralement pas de pensionnaires et elles ne sont pas soumises aux règlements administratifs.*

« Autrefois, pour n'être pas régulièrement autorisées, elles n'en étaient pas moins l'objet d'une surveillance active, et quand la fermeture n'en était pas ordonnée, c'est que, d'une part, la police avait reconnu qu'elles pouvaient être tolérées, et que, d'autre part, l'administration y trouvait parfois *une source d'informations utiles, délicates et discrètes* ».

L'auteur commet une erreur, volontairement sans doute, car les *maisons de rendez-vous* ont *des pensionnaires.*

La liste des maisons de prostitution clandestine est longue et elle est édifiante, c'est la meilleure réponse que l'on puisse faire à ceux qui demandent la fermeture des maisons autorisées.

Le lecteur comprendra que je ne donne pas les adresses: ce serait assurément utile pour les amateurs qui les ignorent; mais ce livre n'est pas *l'indicateur des grues de Paris,* elles sont d'ailleurs suffisamment connues par toute la France.

— *Rue d'Isly...,* la patronne porte un nom noble, *ses pensionnaires* lui donnent du DE gros comme le bras. Madame *de* par-ci, madame *de* par-là ; à force, elle a fini par croire que c'est arrivé. La première lettre de son nom suit celle que porte l'omnibus qui va de l'hôtel de ville à Plaisance. Elle n'est pas sans esprit, elle a choisi la rue d'Isly en souvenir de la célèbre bataille gagnée par le maréchal Bugeaud en Afrique ; elle a eu raison, car chez elle il s'en livre, de rudes batailles.

Il y a chez elle deux sortes de femmes : le *plat du jour* et *l'intermittente*.

Le plat du jour est la femme à demeure, une piocheuse que la besogne n'effraye pas; elle *travaille* de neuf heures du matin à deux heures après minuit. On ne la sert qu'aux étrangers de passage à Paris ; on la leur présente sous tous les noms imaginables : Claire, Joséphine, Mina, Léa, Marie ; quelquefois comme la veuve d'un grand seigneur, réduite à se prostituer pour payer la pension de ses enfants; suivant la mode, elle est tantôt blonde, brune, rousse ou châtaine.

Le prix, comme dirait *Frise-à-Plat* ou *Ventre-d'Osier* à la foire aux pains d'épices, est à la portée de toutes les bourses : un louis, un simple louis ! avec cette différence toutefois qu'on paye d'avance, quand même on n'est pas content, et qu'on ne remet pas l'argent en sortant.

L'intermittente appartient à tous les milieux, elle vient de *l'Elysée-Montmartre*, du *Moulin-Rouge*, des *Folies-Bergère* ou des quartiers aristocratiques.

Elle est généralement servie aux *habitués*.

Toutes ces maisons ont des *habitués* qui y viennent passer quelques instants, suivant l'expression connue : *faire flanelle* ; si dans les maisons de tolérance on ne tient pas à ce genre de client, dans les *maisons de rendez-vous* il n'en est pas de même ; les *habitués* figurent, ils font croire que la boutique est bien achalandée.

Quand *l'habitué* arrive, sa première question est celle-ci :

— Dis-donc, la patronne, y a-t-il du nouveau ?

5.

— Oui, j'ai une nouvelle qui est *bath au pieu* (bonne au lit).

— Fais voir le *déballage*.

S'il la trouve à son goût, il paye le prix *d'ami, dix francs*; *l'intermittente* partage avec la proxénète.

Il n'y a pas de quoi faire fortune avec les *amis*.

— *Rue Beaurepaire*, un nom singulièrement choisi pour y expliquer la dix-septième lettre de l'alphabet. Cette *maison de rendez-vous* n'est connue que d'un très petit nombre de clients.

Elle était, il y a peu de temps, dirigée par *Marie la Bretonne*; on l'avait ainsi surnommée, parce qu'elle portait le costume, depuis la coiffe jusqu'aux chaussures, d'une paysanne de Concarneau ou de Roscoff.

Marie donnait de sa personne dans les grands jours. Elle savait contenter tous les clients, quelles que fussent leurs exigences; elle ne s'était point cantonnée dans une spécialité. C'était une femme pratique qui savait se retourner à l'occasion.

Marie avait une manie étrange: elle recevait son monde en égrenant un chapelet, un chapelet magnifique qu'un franciscain italien lui avait laissé en gage, faute de pouvoir payer sa consommation. Quel que fût le travail auquel elle se livrait, elle ne le lâchait jamais, murmurant dévotement un *Ave Maria*.

Cette manie lui était utile; elle avait la clientèle des pèlerins du Sacré-Cœur.

Les prix étaient assez élevés; ils variaient suivant l'âge et le sexe.

Marie a cédé sa maison; comme la Farcy de célèbre mémoire, elle s'est retirée en province, où elle édifie les habitants par une dévotion exagérée: la première à la quête, elle est de toutes les œuvres de charité, reçoit le curé à sa table et, au dessert, elle fait, avec les marguillers, les gros bonnets du pays, la partie de manille aux enchères.

Le fameux chapelet est pendu dans son alcôve.

— *Rue Grange-Batelière...*, on peut lire sur un superbe écusson en tôle vernie : *Marie, modes fin de siècle.*

N'y entrez jamais, mesdames, car les modes qu'on y vend n'ont point pour ornement la fleur d'oranger, on y trouve de tout, excepté des chapeaux.

Elle n'est pas seule dans cette rue ; il en existe une autre, à gauche, en entrant par le faubourg Montmartre, dans une maison moitié bourgeoise, moitié atelier, comme il en existe dans le Marais.

Sous le porche, à gauche, est un escalier borgne, par lequel on accède à un entresol ; c'est absolument bourgeois comme aspect ; après avoir traversé l'antichambre, on se trouve dans une grande salle à manger, percée de deux fenêtres qui donnent sur la rue ; deux portes vitrées dans le fond leur font faces.

Le salon présente à peu près le même aspect, toujours deux fenêtres sur la rue et en face deux portes à doubles battants.

Vers six heures du soir, comme dans les féeries, changement à vue. Au moyen de cloisons mobiles, la salle à manger et le salon, dans le sens de leur largeur, sont coupés en deux parties ; celles-ci, au moyen d'autres cloisons, sont encore divisées en deux, pour former deux petits cabinets complètement obscurs, qui, du côté opposé à leur entrée, font face aux portes vitrées de la salle à manger, ou aux portes du salon.

Comme ameublement, il y a un canapé des plus confortables, sous les coussins duquel sont dissimulées quelques serviettes.

Chacun de ces réduits a un canapé semblable.

Des ouvertures, convenablement, mystérieusement ménagées, permettent de voir, de chacun d'eux, sans être vu, l'intérieur d'une immense chambre à coucher.

Au milieu de cette chambre à coucher, pareil à l'autel, un énorme lit surélevé de trois marches; appendus aux murailles, des gravures et des tableaux obscènes à faire rougir un régiment de dragons.

Pourquoi cette mise en scène théâtrale ?

Cet appartement est habité par une femme, Mme R...y, qui a sûrement la tête la plus canaille qui se puisse rencontrer dans le monde entier, mais en revanche elle possède un corps sculptural, divin, merveilleux.

Comme profession ordinaire, elle fait le trottoir du faubourg Montmartre à la Madeleine.

A certaines heures, les éromanes arrivent; une vieille dame, à l'aspect vénérable, tout ce qu'il y a de plus correct, les reçoit avec la plus grande déférence.

Pour pénétrer dans l'intérieur de cette maison, il y a un mot de passe, une formule connue seulement des initiés.

— *La vieille dame.*— Que désire Monsieur ou Madame ?. suivant le sexe du visiteur, car il y en a pour les deux.

— *Le visiteur* ou *la visiteuse.*— Je viens pour la séance de magnétisme animal.

— Bien.

Sur cette réponse affirmative, que le visiteur ou la visiteuse fût seul ou deux, il donne cinq louis; c'est un prix fait comme des petits pâtés. La monnaie encaissée, on

l'enferme dans l'un des quatre cabinets — indifférem-
ment — ci-dessus décrits.

La maîtresse de céans, quand les quatre cabinets sont
complets, descend sur le boulevard et va faire son *levage*.
Jamais elle ne va bien loin ; quelques minutes après, elle
revient, accompagnée d'un homme jeune ou vieux, cela
importe peu ; pourtant, le vieux est préférable, elle n'est
pas difficile pour le choix. Peu lui importe qu'il donne
peu ou beaucoup, cela lui est fort indifférent, pour elle
ce serait un maigre bénéfice, elle est payée plus que largement par les *voyeurs*.

Elle entrait dans la chambre avec l'homme de rencontre. Tous deux se déshabillaient nus comme des vers et
elle se mettait à courir autour du lit, poursuivie par
l'homme ; c'était la *chasse à courre*.

Les postures succédaient aux postures. Quand c'est un
vieillard, la chasse présente plus de péripéties : il court,
haletant, tombe, se relève, court encore..... Quand elle
juge la course suffisante (d'autres clients attendent) elle
se laisse atteindre...

Filles de Lesbos, dames Lesbiennes, mères, sœurs et
filles des tribades antiques, vous qui n'êtes pas bégueu-
les, ce que vous auriez vu s'accomplir dans cette maison, sous vos yeux, vous aurait fait rougir à coup
sûr ; il y avait de quoi, à travers les siècles, faire palpi-
ter en vos tombes vos manes licencieuses.

Les jours de grande fête, quand un richissime débau-
ché veut s'offrir pour lui seul le régal de ces ordures, les
quatre cabinets sont loués mille francs.

Que peuvent les magistrats chargés de veiller à la
morale publique pour réprimer de semblables infamies ?

Malheureusement peu de chose, quand des mineurs ne
sont pas les *deus ex machina* de semblables orgies.

Si je les rapporte, c'est pour démontrer, avec les éminents magistrats cités au premier chapitre, combien la maison de tolérance est morale à côté de ces infernales maisons qui échappent à la loi sur l'outrage aux mœurs, quand il n'est pas public.

Non loin de cette maison, à côté du passage Jouffroy, il existe une autre maison de prostitution clandestine. Sa propriétaire porte le nom d'un opéra célèbre :

Connais-tu le pays où fleurit l'oranger?

Cette maison est illustre et très connue. Si j'ai bonne mémoire, il y a deux ou trois ans, un sénateur, qui, malgré son grand âge, s'était souvenu qu'il n'était pas de bois, y mourut subitement de la rupture d'un anévrisme.

Cette mort causa un grand émoi et valut à la fille avec laquelle il avait *monté* un sobriquet significatif : *la fossoyeuse*. Elle en tire vanité, car elle répète à tout propos : « C'est moi qu'a fini le sénateur! »

On peut dire que cette maison ne se cache pas; elle ne recherche ni l'ombre ni le mystère. Il y a le matin, à la porte, une laitière; aussitôt qu'elle est partie, on voit, vers dix ou onze heures, arriver isolément ou par groupe, des filles jeunes et jolies, en toilettes voyantes qui sentent le *décroches-moi ça* à plein nez.

Sans façon, comme si le trottoir était leur propriété particulière; elles vont et viennent devant le passage, partagées en deux camps, de façon à ce que, si un passant échappe à l'une, il ne peut échapper à l'autre; alors, quand elles se rejoignent, c'est un babillage à se croire dans une volière du Jardin des Plantes. Elles rient, se moquent des femmes qui passent, elles *blaguent* les hommes qui repoussent leurs attrayantes propositions, et en quels termes, surtout quand le *truc* ne *biche* pas.

Il passe cinquante mille personnes par jour à cet endroit, principalement des femmes et des enfants; elles ont ce triste spectacle sous les yeux — je dis triste, au point de vue moral seulement. Les enfants, filles ou garçons, saisissent au passage quelques bribes de conversation du genre de celle-ci :

— Dis donc, Margot, tu parais *vannée?*

— N' m'en parle pas. J'ai *fabriqué* (1) hier un vieux *mufle;* y ne m'a pas laissé *pioncer* une *broquille*, ce qui m'a fait *flaquer;* c'est un *beurre;* y voulait y pas me convertir pour que j'aille à *comberge!*

— C'était un *ratichon?*

— Y n'avait pas de *serpillère*, il avait une *redingue.*

— A-t-il *carmé* au moins?

— J' t'en fous, une *thune* et j'ai brûlé dix *ronds* de *cabombe.*

— Fallait l'envoyer aux *pelottes.*

— Pas *mèche*, y fallait *casquer la sorgue.*

Aujourd'hui, les enfants parlent argot comme père et mère; ils comprennent; ce qu'ils ne comprennent pas, ils se le font expliquer, et souvent l'explication est plus dangereuse que la conversation originale, et puis ils questionnent la mère.

Que peut-elle répondre?

---

(1) *Fabriqué*, faire; *pioncer*, dormir; *broquille*, minute; *flaquer*, aller *alvum deponerer; comberge*, confesse; *ratichon*, curé; *serpillère*, soutane; *carmé*, payé; *thune*, cinq francs; *ronds*, sous; *cabombe*, bougie; *pelottes*, promener; *mèche*, moyen; *casquer la sorgue*, payer la nuit.

Elle ne peut pas leur dire que ces femmes attendent l'omnibus, il n'en passe pas dans cette rue.

Mais j'y pense, on les tolère peut-être parce qu'elles ont des chapeaux, car, depuis la dernière circulaire du Préfet de police, être en cheveux est un crime !

VII

Maisons de rendez-vous. — Rue de Provence. — Rue Boudreau. — Rue Duphot. — Rue d'Amboise. — Rue Pasquier. — Rue de la Lune. — Rue de Prony. — Rue Saint-Lazare. — Rue de la Victoire. — Rue Richelieu. — Rue de Tilsitt. — Rue Blanche. — Rue du Château-d'Eau. — Rue de Rome. — Rue des Petits-Carreaux. — Rue Laferrière. — Le coup de la blanchisseuse. — Rue Blanche. — Un curieux procès. — Le loulou. — Un homme qui pique. — Un trio pour homme seul. — Le coup du mouchoir. — Un sou d'épingles. — Considérants sévères. — Condamnations anodines. — Le porc-épic.

— *Rue de Provence*... Maison tenue anciennement par Jeanne D.... Elle s'est retirée des affaires après fortune faite; sa bonne, une assez jolie fille, a essayé de continuer l'exploitation; elle n'a pas été assez habile pour réussir.

Jeanne D... a été en grande réputation, surtout dans le monde féminin, car elle avait un superbe assortiment d'*amies.*

— *Rue Boudreau*... Sur les maisons modernes, on peut lire sur une petite plaque bleue : Eau et gaz à tous les étages. Rue Boudreau, il n'y a pas de plaque indicatrice, cela n'est pas nécessaire; impossible de se tromper, on peut frapper à toutes les portes, si on y trouve l'eau et le gaz, on y trouve aussi un certain nombre de jolies filles.

La clientèle est fixe; elle appartient à tous les mondes, mais principalement au monde de la Bourse.

— La plus célèbre de ces maisons est celle de la rue Duphot.

Dans cette maison, il n'y a pas de petites femmes; on recherche avec soin les plus grandes. En les voyant réunies, on croirait contempler un escadron de cent-gardes. Le prix est de deux louis, invariablement, au *minimum*.

Il n'y a pas d'amis à la pêche, là non plus.

Il y a des habitués fidèles; les femmes leur ont donné des sobriquets : le *docteur*, le *bey*, *boulot*, etc., etc.

Généralement, tous les clients sont affublés par les femmes du titre de : *commandant*.

Mon commandant par-ci, mon commandant par-là ; c'est on ne peut plus comique, surtout lorsque cela s'adresse à un vieillard bedonnant, cacochyme, qui, en fait de galons, n'a que des chevrons conquis chez les proxénètes.

L'un des assidus, nommé plus haut le *bey*, a un tic particulier : il prend quatre femmes, leur donne à chacune cinq louis; il leur fait exécuter, dans le costume primitif, la danse du ventre et... leur donne rendez-vous pour le lendemain, en leur disant : « J'ai une petite femme, toute petite, toute petite, et si froide qu'elle me donne des rhumes de cerveau quand elle me touche, c'est pourquoi je vous aime. »

Le lendemain, il manque le rendez-vous, et tout se borne là, jusqu'à une prochaine séance où les choses se passeront de même.

En dehors des femmes attitrées, beaucoup de femmes entretenues par des vieillards qui leur laissent des loisirs, viennent, de temps en temps, y faire une *passe bourgeoise*; elles y viennent souvent sur demande. On y voit aussi des actrices de nos petits théâtres, de celles qui, en gagnant cent francs par mois, trouvent moyen d'avoir cinquante mille de francs de diamant!

Ça, c'est du métier et cela ne surprendra personne au courant des mœurs parisiennes : la femme va à l'homme comme l'eau à la rivière; au lieu de la rue, c'est le salon, mais c'est tout comme. Ce qui surprendra, c'est que des femmes qui portent un nom et tiennent un rang dans le monde, qu'on est exposé à rencontrer aux bras d'hommes honorables et considérés, viennent dans cette maison, et dans d'autres similaires, pour satisfaire leurs goûts — pour homme ou pour femme!

Nous n'en sommes pas encore aux usages de Madrid, mais cela vient petit à petit, car le *coup de l'album* commence à avoir du succès et se pratique volontiers ; il est, du reste, commode et n'occasionne pas de dérangement pour la femme.

Voici en quoi il consiste :

La proxénète collectionne avec soin les photographies des femmes qui se sont adressées à elle, par embarras momentané ou par profession, quand un homme se présente, elle lui soumet l'album : il choisit, elle fait demander la femme. On voit que rien n'est plus simple. Il va sans dire que le prix ne figure pas en regard de la photographie, car le client doit ignorer la « commission » prélevée par la proxénète.

Les proxénètes s'enrichissent à ce métier; on peut en juger par ce fait : Un jour, à propos d'une affaire de mineure, une descente de police eut lieu rue Duphot; il y fut saisi pour *plus de cent mille francs de billets* à ordre que lui avaient souscrits ses clients.

— *Rue d'Amboise...* Mlle Blanche d'E... tient une maison d'ordre moins élevé; pourtant les prix ne sont pas doux : dix francs pour les amis et vingt francs pour le vulgaire.

Rien de particulier.

— *Rue Pasquier*... Même scène qu'à la rue Grange-Batelière, mais sans machination théâtrale. *Voyeur* pour les *trois* sexes.

— *Rue de la Lune*... Maison d'assez belle apparence ; on peut lire sur une porte d'un des étages de la maison : *Florina*, au-dessous *artiste*, et, dans l'angle de la plaque bleue, une colombe blanche.

C'est à faire rêver.

— *Rue de Prony*... Cette maison est connue des *Lesbiennes* sous ce nom : *l'Abbaye*.

Rien ne distingue cette maison des autres de ce quartier aristocratique ; les allées et venues y sont discrètes ; les équipages qui amènent les dames ne stationnent jamais devant la porte cochère ; comme au *Mirliton*, il faut être présenté pour être admis.

Cela se passe en famille.

Pour l'été, il y a une succursale dans une villa des environs de Paris. On y va par la gare de Vincennes.

— *Rue Saint-Lazare*... La patronne est connue sous le nom de Mme *Rapineau* ; elle n'a pas volé son sobriquet : sa générosité avec ses *ouvrières* va jusqu'à leur donner *trente sous* par client !

— *Rue de la Victoire*... C'est tout à fait cocasse. Le fils de la maison est chargé du personnel ; c'est lui qui fait le raccrochage dans les squares et aux abords des gares de chemins de fer.

Le soir venu, il endosse une livrée et remplit l'office de valet introducteur pour les clients.

— *Rue Richelieu*... Maison de haute apparence. On peut lire à gauche de la porte cochère, sur une plaque en tôle vernie : *Fleurs et plumes*. Au troisième étage, sur la porte, même indication avec ces mots en plus : *Entrez sans frapper*.

En ouvrant la porte, on pénètre dans une antichambre circulaire; à droite, il y a une porte sur laquelle brillent, sur une plaque de cuivre, ces mots : *Plumes fines*; sur la porte parallèle : *Ateliers de fleurs*.

La patronne, fort avenante, suivant les désirs du client, lui fait servir la marchandise demandée; elle s'approvisionne dans les crémeries du quartier, principalement à un petit bar de la rue Saint-Denis, qu'on a surnommé : *le café cochon*.

Personnel : jeunes ouvrières vivant en famille qui passent dans leur quartier pour être très honnêtes.

— *Rue de Tilsitt*,.. Cette maison est tenue par une proxénète roublarde. Tout récemment, la police fit une descente et y trouva une fille de quinze ans, que son père amenait là comme les mères conduisent leurs enfants à l'école.

On saisit sur la proxénète un carnet qui contenait toutes les *adresses des clients* avec leurs *qualités* et *professions*.

— Pourquoi gardez-vous si précieusement ce carnet compromettant? lui demanda le commissaire.

— En cas d'*avaro*, mes clients, tous gens bien placés, seront forcés de me défendre pour ne pas voir leurs noms livrés à la publicité.

— Elle est *rien à la roue*, dit un agent.

En effet elle ne fut pas poursuivie.

— *Rue Condorcet*... *La Belge*, nom de la patronne, loue des chambres meublées à l'heure et à la nuit ; certaines de ses chambres lui rapportent quelquefois quarante francs par jour.

Elle tombe en plein sous l'application de la loi de 1778, pourtant elle exerce bien tranquillement.

Son personnel est composé de filles ambulantes qui raccrochent un peu partout, particulièrement sur les grands boulevards.

La Belge exerce son métier de proxénète ostensiblement.

— *Rue Blanche...* La D... est une des plus émérites elle a blanchi sous le harnais ; l'été, elle fait venir ses pensionnaires du *Jardin de Paris* ou du *Moulin-Rouge* ; c'est une Arabe de la pire espèce; elle prend à ses clients vingt-cinq louis et en donne généreusement cinq à la fille ; elles le savent, mais néanmoins c'est à qui postulera pour aller *travailler* chez elle.

Elle en a toujours cinquante inscrites à l'avance.

Elle est fort riche.

— *Rue du Château-d'Eau...* Au premier, anciennement Mme L..., fait la clientèle du quartier ; pour payer le prix d'habitué, la formule en entrant est celle-ci : « Je viens pour regarder ou je viens pour voir. »

Les filles payent leur nourriture *sept francs par jour* et elles partagent ce que le *miché* donne pour les *gants*.

Celle-là est à *la redresse*, elle a l'œil à tout ; une fille me disait : « Il faut *fader*, pas *mèche de la faire à la planque*, ce qui veut dire ne rien cacher dans ses bas.

— *Rue du Château-d'Eau...* Il y a *deux* autres maisons tenues par les nommées Jeanne et Marie ; l'une est dans la maison d'un charbonnier.

L'Auvergnat roublard s'étant aperçu qu'elle vendait à boire, se plaignit au propriétaire qui le lui défendit ; elle s'entendit alors avec le charbonnier, qui vend les consommations ; le plus cocasse, c'est qu'il les monte lui-même.

— *Rue de Londres...* Tenue par la femme L..., succursale de la *rue du Château-d'Eau*, les pensionnaires font la navette.

— *Rue des Petits-Carreaux...* Jeanne. La maison avait été surnommée par les clients la *Coopérative*. Il y avait huit femmes ; on devine pourquoi ce surnom.

Cette maison vient d'être transformée en maison de tolérance *autorisée*, mais à la condition expresse qu'elle conserve son aspect ordinaire et que rien ne la distingue des autres maisons.

Cette autorisation a un caractère spécial, c'est une dérogation absolue aux règlements de police qu'il est bon de noter pour les tenanciers, qui pourraient sûrement en obtenir de semblables, ce qui ferait disparaître ce qui choque si fort certaines gens : gros numéros et volets clos.

— *Rue Laferrière... Deux* maisons ; les filles font la porte et même le milieu de la rue, décolletées outrageusement, robe courte.

Que fait-on de l'ordonnance du préfet de police, datée de 1881, qui défend de racoler à la porte des maisons de tolérance ?

Toujours l'arbitraire.

— *Rue Laferrière...* Là, c'était extrêmement adroit, cela se passait chez une blanchisseuse (on comprendra pourquoi je parle au passé). La boutique était exactement celle d'une blanchisseuse active, rien ne manquait : la table, le fourneau avec les fers à repasser, le linge sur les cordes ; seulement la blanchisseuse était plus souvent

repassée que le linge. La boutique était coupée en deux
par un rideau derrière lequel il y avait un lit ; quand un
client arrivait, une ouvrière se détachait de l'établi et
passait derrière la toile ; les autres continuaient à chanter et à blaguer en faisant des signes significatifs sur la
scène qui se passait à côté. Un habitué était un vieux
marin qui restait des heures entières ; il lui fallait tout le
personnel, alors on mettait les volets à la boutique.

Le prix était facultatif et le personnel peu choisi.

— *Rue Blanche*... Tenue par la femme M..., maison
meublée ; il s'y passa, il y a quelques mois, une aventure
qui fit grand bruit dans Paris.

La femme M...d avait autrefois été la maîtresse d'un
riche courtier en diamants, de la rue Drouot, qui possède
maisons de ville et château princier. M. B...h, voyant sa
maîtresse vieillir, elle avait trente ans ! il la lâcha. Quoiqu'il fût pingre comme la plupart des baptisés au séca-
teur, c'était encore une riche proie, eu égard à ses vices.
Ne pouvant plus opérer elle-même, elle imagina de lui
proposer, de lui fournir ce qui lui manquait à elle, la
jeunesse.

Elle lui procura plusieurs jeunes filles. L'une d'elles,
envers qui il avait oublié ses promesses, lui écrivit plusieurs lettres signées : *Bernard*, pour lui demander de
l'argent ; il fit la sourde oreille, mais il alla chez le commissaire de police se plaindre que l'on voulait le faire
chanter.

Le magistrat fit mander la jeune fille, et, après un long
interrogatoire, le vieux satyre, de plaignant était devenu
prévenu.

L'affaire passa devant la 10e chambre du tribunal correctionnel, présidée par M. Ricard, et voici ce que les
débats nous apprirent :

Je passe sur l'interrogatoire du coupable, pour arriver au *clou* de l'audience, à la déposition de Claudine Buron :

— Il y a deux ou trois ans, quand je travaillais de mon métier de couturière, faubourg Montmartre, plusieurs fois j'ai été suivie par un monsieur qui m'a fait des propositions. Je ne les ai pas acceptées. C'était M. B...h.

L'automne dernier, je vendais des fleurs dans les rues avec mon petit frère, qui a onze ans ; *depuis deux jours, je n'avais pas mangé.*

Je rencontrai une jeune fille, nommée Eugénie, qui me dit : « Puisque tu es dans cette position, je te présenterai à une femme, qui te fera connaître un monsieur ; ce soir tu auras de l'argent. »

Elle me conduit chez Mme M...d. Mme M...d me regarde, dit : « Bien » ; un monsieur, M. B...h, entre. Une demoiselle qui se trouvait là s'écrie : « c'est le loufoc, *l'homme qui pique* ». On nous fait ôter nos habits, à deux autres filles et à moi. Nous entrons dans une chambre ; M. B...h s'assied sur un fauteuil. Il prend, dans une sébile, des épingles, des petites épingles n'ayant pas deux centimètres, *m'en enfonce sur tout le corps, peut-être une centaine, très profondément, m'attache un mouchoir sur la poitrine avec d'autres épingles, puis me l'arrache, me frappe avec un martinet,* puis.....

Les deux autres filles ont eu aussi des épingles, mais pas autant que moi. *Il disait : « Je fais toujours plus aux nouvelles ».* Et j'étais une nouvelle.

La scène a duré depuis *une heure et demie jusqu'à six heures et demie.* De temps en temps, Mme M...d arrivait *pour ranimer le feu !*

J'ai touché QUARANTE FRANCS !

6

La chose s'est renouvelée plusieurs fois. Puis un jour il m'a dit : « Je ne veux plus te voir dans cette maison. Je te ferai une position. »

Il m'a donné un rendez-vous au coin de la rue Trudaine ; nous sommes allés dans un hôtel de la rue du Delta ; l'histoire des épingles a recommencé ; j'avais acheté des épingles pour un sou. La première fois, il a donné dix francs à la maitresse d'hôtel, les autres fois, rien ! Il me promettait 300 francs. Enfin je ne l'ai plus vu... »

Venait ensuite la seconde mineure, Marthe Lys ; elle se disait giletière.

Elle confirma la déposition de Claudine Buron avec un luxe de détails qu'il est impossible de reproduire.

Mais voici qui est typique ; elle termina en disant : « J'avais recommandé à Claudine de sourire, parce que M. B...h voulait qu'on fût gaie !

Quant à la mission particulière de Marthe, pendant la séance, elle consistait *à gratter la tête...* du prévenu.

La sentence s'occupait très longuement des deux délits reprochés au prévenu. En voici la conclusion en ce qui concerne le *porc-épic* :

... Il reste établi pour le tribunal que la fille Buron a été victime des violences qu'elle impute au prévenu ;

Qu'en effet, la fille Lys, qui a assisté à toutes les entrevues chez la femme Marchand a, tant devant M. Clément que devant M. le juge d'instruction, attesté que Bloch avait piqué les seins de la fille Buron avec des épingles ; qu'il avait attaché sur la poitrine de cette fille, avec des épingles, un mouchoir qu'il avait violemment tiré ; qu'il lui avait donné des coups de martinet ;

Qu'en ce moment aucun concert, aucune entente n'avait pu s'établir entre ces filles, puisque, rencontrée par hasard chez la femme Marchand par le commissaire de police, elle n'avait pas revu la plaignante depuis le mois d'avril ; qu'elle n'en connaissait ni le nom ni l'adresse ; que, d'un autre côté, elle était toujours en très bons termes avec la femme Marchand, chez laquelle elle se trouvait et que ses déclarations atteignaient ;

Qu'à l'audience, il est vrai, sa déposition a été moins précise, moins accentuée, mais qu'elle décelait une préoccupation visible d'atténuation ; que, néanmoins, quels que soient les motifs qui ont déterminé ce changement d'attitude, motifs, sur la voie desquels peut mettre la déposition de la dame Gauthier, témoignant de démarches faites auprès de la demoiselle Buron pour obtenir son désistement, la fille Lys a affirmé que, chaque fois, la fille Buron avait été piquée par Bloch ; qu'un mouchoir avait été fixé sur sa poitrine avec des épingles et qu'elle avait reçu des coups de martinet ;

Que cette déposition ainsi formulée n'a été, de la part de la défense, l'objet d'aucune critique ni discussion ; qu'il y a lieu de la tenir pour vraie, en faisant, pour cette déclaration, comme le tribunal l'a fait pour celle de la fille Buron, la part de l'exagération, mais dans un sens différent ;

Attendu que la déposition de la fille Buron est encore corroborée par la femme Marc'and qui, devant M. le commissaire Clément, a reconnu que, prévenue par la plaignante que Bloch l'avait blessée aux seins, elle en avait vu la marque sur la gorge de cette fille ;

Quant aux violences relatives à Marthe Lys, elles seront écartées, attendu qu'elle a déclaré qu'elles ne lui ont causé aucun mal ;

... Sur la peine :

Attendu qu'en livrant des mineures à Bloch, la femme Marchand n'ignorait pas à quels raffinements de lubricité et à quels excès elle les vouait, et qu'elle en fournissait les instruments ;

Attendu que Bloch, dans la condition sociale, de famille et de fortune où il se trouve parvenu, à un âge qui le met à l'abri des entraînements des passions physiques et s'ingéniant à réveiller ses sens par des pratiques contre-nature, mérite la sévérité du tribunal, condamne :

Michel Bloch à *six mois de prison*, 200 *fr. d'amende* ;

La femme Marchand à *un an de prison*.

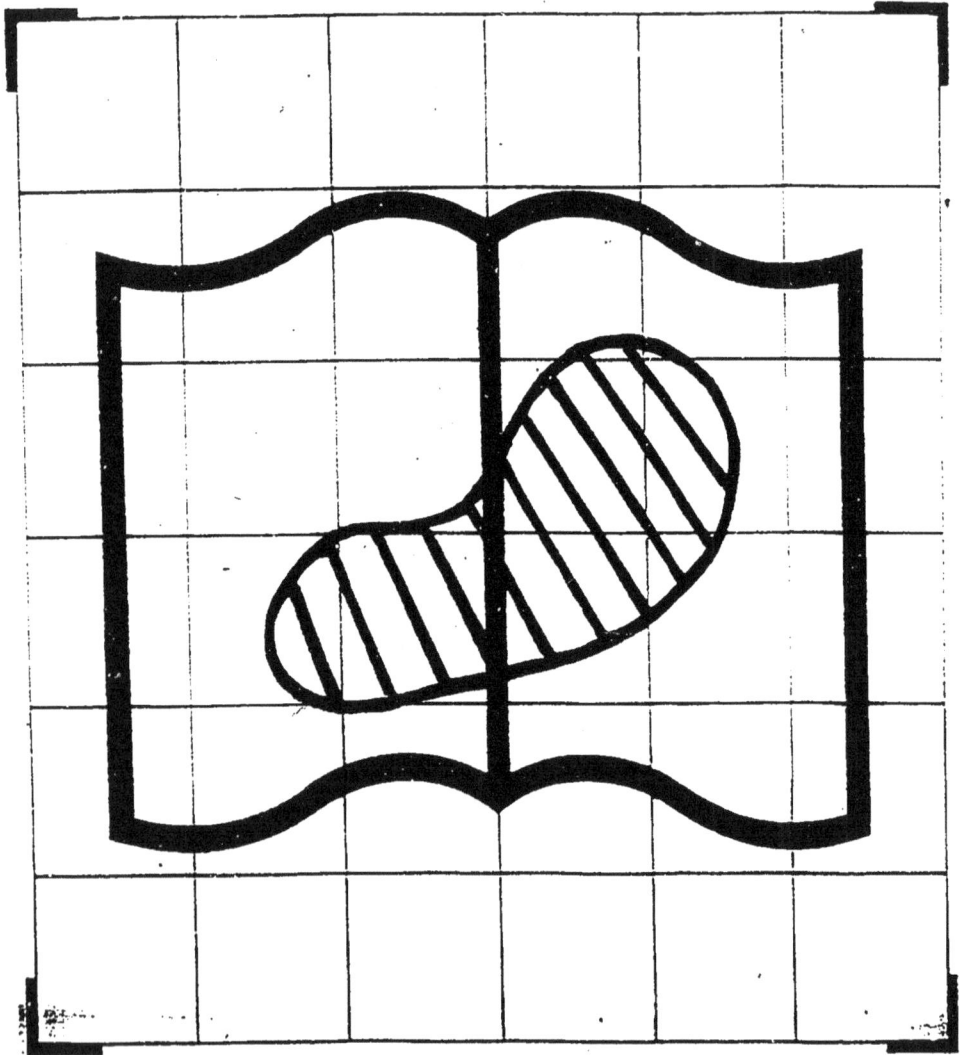

Si les considérants de ce jugement sont sévères, il faut avouer en toute sincérité que le jugement est bien modéré, et que la peine infligée à la proxénète et à son immonde complice n'est pas en rapport avec le délit commis.

Jamais un tenancier de maison de tolérance n'a été traduit pour des faits aussi monstrueux devant un tribunal.

VIII

Maisons de rendez vous et maisons de tolérance. — La proxénète aux villes d'eaux. — Un assortiment de roses-thé. — Fleurs toujours fraiches. — Le raccrochage à la fleur d'oranger. — La procureuse. — La mère Cloporte. — Un truc ingénieux. — Bonnes et bureaux de placement. — Conversation édifiante. — Une tentation irrésistible. — Faut garder le dindon la nuit. — La banquière des putains. — Pension alimentaire peu commune. — Une addition salée. — Une prime bien comprise.

Dans la *rue Joubert*, dans une maison qui porte un numéro de titre de roman, il existe une maison de rendez-vous très connue des amateurs, c'est à peu près comme partout.

Rue Rodier, même genre de maison.

Il est impossible d'en donner la nomenclature complète, car tous les jours, il s'en crée de nouvelles sous des étiquettes trompeuses qui empêchent de les découvrir, à moins que le hasard ne s'en mêle; mais je le répète, aujourd'hui, ces maisons dépassent le chiffre de deux cents !

Dans ces chiffres, ne sont pas comprises les *maisons meublées*, ni les *chambres meublées* louées isolément.

Ces dernières sont très nombreuses; il n'est pas une rue de Paris où l'on ne voit se balancer, à la porte d'entrée ou à une fenêtre de l'entresol, un écriteau jaune ainsi conçu :

6.

APPARTEMENT
ET
CHAMBRES MEUBLÉES
A LOUER

›Ces chambres sont louées par de vieilles putains hors de service, qui ont usé leur boîte à ouvrage; la plupart du temps, elles n'en ont qu'une, ce qui les dispense d'avoir un livre de police : c'est une chambre d'*amis!*

Il est extrêmement rare, en exceptant toutefois le quartier des Ecoles, que ces chambres soient louées à des garçons; cela ne serait pas assez productif et rapporterait au plus 45 ou 50 francs par mois.

Ces logeuses-proxénètes ont toutes le même type : elles ne paraissent avoir, n'étaient les cotillons, ni sexe ni âge. Par une vieille habitude, elles sont toutes maquillées comme de vieilles roues de carrosse et teintes en blond sale.

La chambre qu'elles louent est généralement une pièce de leur appartement.

Elles courent les brasseries, les restaurants de nuit et les bals publics, à la recherche de locataires de passage.

Ces dernières raccrochent et *ramènent* à la chambre louée qu'elles n'habitent que rarement, car souvent elles demeurent dans un autre quartier où elles passent pour avoir un métier.

A côté de ces femmes, ils existent des hôteliers peu

scrupuleux qui louent les chambres des locataires absents dans la journée, à des filles qui viennent y faire des *passes.*

C'est tout bénéfice ; mais voit-on d'ici le locataire rentrant inopinément chez lui pour chercher un mouchoir.

Tableau !

La proxénète se déplace après le Grand Prix ; sa clientèle n'étant plus à Paris, elle va la chercher aux villes d'eaux, mais il faut qu'elle s'entoure d'une infinité de précautions ; elle fait distribuer une circulaire confidentielle, dans laquelle elle dit que le service sera continué comme par le passé, qu'elle a *un assortiment merveilleux de roses-thé, fleurs toujours fraîches, sans cesse renouvelées,* et pour éviter des recherches ou des méprises ennuyeuses à ses clients, ses pensionnaires portent constamment à la ceinture un piquet de roses-thé.

Le règlement de compte se fait après la journée ou la nuit.

Elles n'ont pas encore osé prendre la fleur d'oranger pour emblème, mais cela viendra.

Si Paris a ses proxénètes, la province n'a rien à lui envier ; il en existe une, dans un département qui porte le nom de deux fleuves, qui est un vrai modèle ; l'on chercherait en vain sa pareille dans le monde entier, c'est le *rara avis.*

Quel âge a-t-elle ? Cinquante, soixante, soixante-dix ans. Nul ne le sait ; elle a dû venir au monde comme ça, aussi vieille, aussi ridée, aussi ratatinée. C'est le type le plus pur de la sorcière de la légende. En regardant cette figure de fouine, à l'œil vif, gris souris, profondément enfoncé sous l'arcade sourcilière, au nez pointu et pincé, les commissures des lèvres relevées vers les narines, avec un rictus mauvais et haineux; ses cheveux gris, durs comme du crin, s'échappant en mèches rebelles et vagabondes, d'un vieux et sale bonnet, autrefois blanc, recouvert d'un fanchon en laine noire effilochée ; le peu qui lui reste de dents sont noires, cariées, pourries, à l'exception de deux ou trois, semblables aux défenses d'un marcassin, elles avancent sur son museau qui forme groin ; tous les vices, toutes les passions les plus dégoûtantes, les plus sales, sont empreintes sur cette gueule horrible, qui donne le frisson et produit l'effet répulsif que l'on éprouve à la vue d'un reptile.

La tête est canaille, crapule, abjecte, et l'ensemble de son corps grêle, sans forme, complète le tableau. C'est un ramassis d'os qui puent et suintent toutes les infamies imaginables.

C'est la proxénète la plus dangereuse qu'il y ait ; elle vendrait le ciel si elle pouvait l'atteindre ; odieuse à tous, la femme, pour elle, est une marchandise ; c'est une maquignonne de chair humaine, sans pitié, sans vergogne, sans respect de la loi — elle dit que la loi est comme les belles filles, faite pour être violée.

Les coquines de son espèce ont le génie du mal, comme d'autres le génie du bien ; le mal est son élément, c'est sa vie, comme l'eau pour le poisson ; elle ramasse l'or dans les cuvettes, l'argent dans la merde des pots de chambre, car elle a les pattes crochues ; elle livrerait, contre espèces sonnantes, la moitié du genre humain.

Des êtres semblables sur terre sont un fléau, c'est la huitième plaie : *Sodome, Gomorrhe* et *Lesbos.*

On dit que les monstres ne vivent pas, c'est une erreur ; celle-là, il faudra la tuer pour qu'elle crève, et elle sera encore capable de soulever le couvercle de son cercueil

pour proposer au croque-mort un *colis* de quinze ans
pour un louis !

Entre proxénète et procureuse, la nuance n'est pas
très sensible ; toutefois, il y en a une ; quoique la procureuse soit d'une nature peu scrupuleuse, elle ne travaille généralement pas dans la prime jeunesse; les femmes faites, entre 18 et 25 ans, font mieux son affaire, elle
en récolte un double avantage : elle ne redoute pas la
police et les femmes lui rapportent beaucoup plus ; une
mineure, ça se vend une fois, deux peut-être, tandis que
celles-là se vendent sans cesse : ce sont des cocotes aux
œufs d'or.

Le type de procureuse le plus parfait que je connaisse
est celui de la mère *Cloporte*.

Ronde comme une futaille, l'estomac orné d'une paire
de tétasses gélatineuses, qui pendent comme deux besa-
ces sur son ventre ballonné ; sa figure est boutonneuse,
huileuse, rugueuse comme une peau de chien marin ;
elle a le teint lie de vin ; ses deux yeux, percés en trous
de vrille, sont clignotants et chassieux, son nez énorme,
piqué, suinte par tous les pores le vulnéraire et l'eau-de-
vie de marc ; de minute en minute elle le bourre de tabac
à priser, ce qui lui occasionne une roupie perpétuelle,
qui coule, noirâtre, sur ses tripes ; sa bouche, fétide
comme celle d'un égout, est aussi large et aussi noire
que celle d'un four; elle laisse apercevoir trois ou quatre
dents, si longues, qu'elle pourrait s'en servir pour retirer
la viande de la marmite ; ses mâchoires bestiales retom-
bent sur un bourrelet de graisse jaunâtre qui pue le lard
rance, ce bourrelet lui sert de col ; le tout est empaqueté
dans un jupon d'indienne, maculé de taches, et dans une
ample camisole à pois bleus ; deux poteaux informes,
terminés par des pieds d'éléphant qui se prélassent dans

des chaussures de lisière éculées, supportent ce bifteck à
Macquart, qui sera, quand elle crèvera, un copieux régal
pour les asticots du cimetière de Cayenne.

Elle *perche* dans la rue Bréda, au fond d'une cour, un
véritable capharnaüm, où un bric-à-brac entasse ses
haillons et ses meubles, nids à puces et à punaises ; pour
arriver chez elle, au premier étage, il faut franchir un
long couloir et gravir une échelle de meunier : c'est là
qu'elle a installé sa gargote, où les filles du *Moulin-Rouge*
viennent prendre leur pitance.

Sous son enveloppe crapule, la ière *Cloporte* a la
finesse malfaisante du renard, la persévérance de la
taupe, la prudence du serpent, l'audace du chacal et la
rapacité d'Harpagon.

Pour alimenter sa gargote de clientes, quand il y a
pénurie, elle va trouver ces estimables citoyens qui tiennent des bureaux de placement et leur tient ce langage :

— Vous avez souvent à placer des bonnes jeunes et
jolies qui viennent de la campagne ayant tout juste de
quoi payer leur voyage et à peine de quoi payer votre
commission ; elles ne savent où manger ; seules, sur le
pavé de Paris, elles sont exposées à de mauvaises ren-
contres et à mal tourner ; la faim est une mauvaise con-
seillère ; envoyez-les moi, je leur donnerai à manger jusqu'au jour où elles seront placées, et au besoin je vous
paierai la prime de placement.

Voilà le premier jalon.

Les placeurs, à qui il ne faut pas une livre de beurre
pour faire un quarteron, comprennent à quart de mot ;
ils lui envoient le dessus du panier. Les pauvres filles
arrivent, timides, elles tombent au milieu d'un tas de
putains qui mangent, boivent, chantent, rigolent, toutes
couvertes de soie, coiffées de chapeaux épatants ; devant

ce monde, nouveau pour elles, elles n'osent ouvrir la bouche, se croyant dans un milieu de duchesses ; l'illusion est d'autant plus grande que ces dames parlent de louis comme s'il en pleuvait.

Les malheureuses, qui arrivent de leurs villages, ouvrent de grands yeux comme des portes cochères. Peu à peu, elles se familiarisent, elles causent :

— Que viens-tu faire à Paris, ma petite ?

— Travailler, madame.

— T'es rien *gnolle* : servir les autres, laver la vaisselle, descendre tous les matins faire pisser Pyrame, coucher au sixième étage, dans une chambre à lucarne, sans feu, avoir les mains gercées et les bras rouges comme des tomates, vider le pot de chambre et rincer la cuvette, être pelotée à l'œil par le patron ou par le frotteur, tout cela pour 25 fr. par mois.

— Si je ne travaille pas, comment vivre ?

— Fais comme nous, garde le dindon la nuit.

La conversation en reste là pour cette fois.

Rentrée dans son garni, la paysanne, allongée sur son lit rembourré avec des noyaux de pêches, rêve de soie et de velours ; elle se voit, retournant au village, avec des diamants aux oreilles, des bagues aux doigts, aux poignets des bracelets gros comme une chaîne de chien de garde.

Le lendemain, en arrivant à la gargote, elle guigne, étalée sur une chaise intentionnellement par la procureuse, une toilette complète ; la mère *Cloporte*, ou une des filles — elles sont toutes complices — lui dit en riant :

— Ça te fait loucher, ces frusques-là, essaye-les, tu verras ce que tu seras *bath aux pommes.*

Sans se faire prier, elle endosse le « décrochez-moi ça »; on la pousse devant la glace, elle se tourne, se retourne et se pâme d'admiration.

Voilà le deuxième jalon.

Le soir, une des filles dit à la procureuse :

— Dis donc, maman, prête-lui ce costume, je vais l'emmener au *Moulin-Rouge,* elle n'a jamais vu ça, c'est un peu plus tapé que « l'assemblée » de son pays. La vieille canaille a l'air de se faire tirer l'oreille :

— Si elle allait l'abîmer ou se *débiner* avec ?

Toutes les putains lui répondent en chœur :

— Nous en répondons, donne-lui des bottines et du linge.

On l'emmène au *claque-dent* du boulevard Clichy, et, quand elle revient le lendemain, elle a de la *galtouse.* L'apprentissage n'a été ni long ni rude, d'autant plus que Nicolas, le valet de charrue de la ferme de son village avait déjà préparé les voies.

La mère *Cloporte* commence par lui prendre son argent pour payer sa nourriture, puis continue à la nourrir et à l'habiller ; elle lui fait payer 300 fr. ce qui en vaut 50.

Les filles depuis longtemps dans la circulation ne sont pas affranchies des pattes crochues de la procureuse : quand elles lui empruntent 20 fr. le matin, il faut qu'elles lui en rendent 25 le soir, ce qui fait **9,125** FRANCS D'INTÉ-RÊT POUR CENT.

J'espère que voilà de l'usure ou je ne m'y connais pas; Gobseck n'est qu'un philanthrope à côté de la mère *Cloporte.*

Elles n'osent pas se plaindre, elles se couperaient les vivres.

Quand elles ne peuvent pas rendre l'argent emprunté, ni payer leur nourriture et les vêtements qu'elle leur vend, la procureuse a un moyen de rentrer dans ses déboursés.

Il est absolument pratique.

· La mère *Cloporte* a un livre parfaitement en règle, où chacune a son compte ouvert et à jour ; chaque fois que l'une d'elles *lève* un *miché*, il est convenu qu'elle l'amènera d'autorité dîner ou souper à sa gargote ; alors, au moment de régler la « douloureuse », la procureuse ajoute sur la note une partie des sommes qui lui sont dues.

Exemple de la majoration :

Deux couverts.................	0 fr. 50	2 fr. »
Deux hors-d'œuvre..........	0 fr. 40	3 fr. »
Deux potages..............	0 fr. 50	2 fr. »
Sole au gratin.............	1 fr. 50	5 fr. »
Pigeons aux petits pois.....	2 fr. 50	8 fr. »
Salade..................	0 fr. 50	2 fr. 50
Desserts.................	1 fr. »	4 fr. »
Vins ordinaires............	1 fr. 50	3 fr. »
Champagne...............	5 fr. »	25 fr. »
Cafés, liqueurs	1 fr. »	3 fr. »
	14 fr. 40	58 fr. 50

Sur ce repas, la procureuse gagne 7 fr.; elle se paye d'abord, ensuite elle prélève 10 fr. et donne à la fille, de la main à la main, une somme égale ; il reste au compte de la fille une somme de 24 fr. 10 pour éteindre sa dette !

7

La police atteint-elle cet ignoble trafic ?

Il faut croire qu'elle le considère comme licite, puis-qu'elle le tolère.

Messieurs les moralistes, parlez-nous donc des tenan-ciers après la mère *Cloporte !*

IX

Le truc de la femme peintre. — Le miché ordinaire. — Une leçon d'anatomie comparée. — Un élève qui a la tête dure. — Costume suggestif. — Conversation édifiante. — Le coup du panneau. — Un singulier atelier. — Les inondés du Bidet. — Les gantières. — Madame Cachalot. — Plumes fines à domicile. — Un aveugle qui écrit beaucoup. — La profession de rabatteur. — Extraits d'un curieux carnet. — Une femme courageuse.

Si les maisons de prostitution clandestine font une guerre acharnée et une concurrence terrible aux maisons de tolérance, les soi-disant parfumeuses, lingères, libraires, marchandes de tableaux et curiosités en font une non moins redoutable aux *maisons de rendez-vous.*

On les connaît sous le nom de *boutiques à surprises.*

On les fait fermer ; le lendemain, elles ouvrent à nouveau dans un autre quartier.

Il existe, rue Chaussée-d'Antin, n° ?, dans une maison d'apparence respectable, que l'on croirait habitée par de paisibles bourgeois, au deuxième étage, un appartement avec trois portes donnant sur un vaste palier ; sur la porte du milieu, s'étale une plaque en cuivre sur laquelle on lit : Atelier.

Le visiteur tire un cordon de soie très élégant, un timbre retentit ; aussitôt, un domestique en livrée sombre lui ouvre et lui demande ce qu'il désire.

Le visiteur, qui est généralement un *ordinaire* (1), au courant des habitudes de la maison, répond qu'il vient visiter les tableaux.

Le domestique l'introduit dans un vaste atelier-salon, éclairé par deux larges baies, dont les vitraux coloriés tamisent la lumière, puis il va prévenir l'artiste.

Souvent l'attente est longue ; alors, de temps en temps, le domestique, pour faire patienter l'amateur, vient lui annoncer que madame donne une leçon d'anatomie, et que l'élève, étant d'un certain âge, a la tête dure.

Enfin, l'artiste arrive ; elle est coiffée d'un béret en velours noir ; elle est vêtue d'un justaucorps de même étoffe, dont les plis sont savamment combinés pour mettre son buste en valeur ; il est serré à la taille par une ceinture en cuir fauve, qui fait rebondir les hanches ; une culotte courte, collante, des bas noirs, en soie, sous lesquels s'aperçoit la chair rose, serrés au-dessus du genou par des jarretières mauves, à boucles d'argent ; des escarpins vernis, ornés de grosses bouffettes de soie, complètent ce costume très suggestif et plein d'affriolantes promesses.

Elle tient, à la main gauche, une minuscule palette en acajou, chargée de couleurs fraîches, et, de la main droite, un petit paquet de pinceaux.

Elle se présente en s'excusant.

Quoique le visiteur soit un ordinaire, la conversation préliminaire est la même ; si par hasard il voulait un tableau de plus grande dimension ?

---

(1) *Ordinaire*, soupe et bœuf, chez les ouvriers ; *habitué*, dans l'argot des filles.

— Monsieur désire acheter une toile ?

— Oui, madame.

— Quel genre ?

— Une étude sur nature.

Le visiteur, pour la forme, examine très distraitement les centaines de toiles et panneaux qui tapissent les murs de l'atelier-salon. Après quelques minutes d'examen, son choix s'arrête sur un petit panneau.

— Combien ?

— Pour monsieur, c'est cent francs.

L'amateur tire son porte-monnaie et tend gracieusement à l'artiste un billet de banque ; puis elle ajoute :

— Si monsieur veut juger de la ressemblance, le modèle est justement dans mon atelier.

Ils y passent.

L'atelier !

On juge de son ameublement : une chaise-longue et un lit de milieu.....

Après un certain temps, quand le client s'en va, elle l'accompagne et donne ordre au domestique d'envelopper l'achat.

Encore un qui a donné dans le panneau.

Il existe des clients qui n'emportent jamais leur achat ; elle a une marine qui a été vendue plus de quarante fois.

A part le loyer, la mise de fonds pour exploiter le sien est des plus modestes.

Chacun sait que les peintres, même ceux qui deviennent célèbres, ont les commencements difficiles ; elle a un courtier qui n'a pour unique occupation que de parcourir les brasseries de Montmartre, à la recherche des rapins faméliques ; il paye les toiles ou les panneaux dix francs, en moyenne.

Les pauvres diables ne se doutent guère que « l'enfant de leur génie » est vendu au profit des inondés du bidet.

La gantière, c'est le vieux jeu ; elles ont presque toutes disparu. La célèbre Oudin, passage de l'Opéra, avait une réputation universelle.

Un jour, une descente de police eut lieu chez la Oudin, et on trouva, dans l'arrière-boutique, une femme en train d'essayer une paire de gants à un collégien ; elle avait choisi, pour cette opération, un costume qui ne la gênait pas : elle était complètement nue. La femme fut arrêtée ; qu'on juge de la stupéfaction du magistrat instructeur, lorsqu'elle déclara qu'elle était mariée, qu'elle avait quatre enfants, et qu'elle était la nièce d'un haut fonctionnaire de la préfecture de police.

— Mais pourquoi, lui dit le magistrat, étiez-vous si peu vêtue ?

— Il faisait si chaud, répondit-elle !

Disparue également, la fameuse Lagrange de la rue Geoffroy-Marie, dont l'estomac était un cimetière, disait ses habitués. On la connaissait aussi sous le sobriquet de Mme *Cachalot*, autrement dit : *le Poisson souffleur*, grâce à la faculté particulière qu'elle possédait.

Son successeur a changé la manière d'opérer. Elle n'attend plus les clients sur la porte, avec l'œillade significative, l'invite à c...œur et à autre chose ; c'était fastidieux de constamment se préoccuper de leur pointure, en outre, le salon d'essayage avait perdu sa vogue, le truc était usé.

Elle a inventé un nouveau truc : celui des plumes fines à domicile.

C'est tout bénéfice : pas de loyer, pas d'impôt. Le matériel est des plus simples : une élégante petite boîte en maroquin, à fermoir d'acier, qui contient une douzaine de boîtes de plumes.

Elle ne boude pas sur la besogne, elle fait plusieurs tournées par jour ; dès huit heures du matin (certains de ses clients, employés, doivent être à leur bureau à neuf heures), elle part armée en guerre, toilette sombre et discrète, un demi-deuil, voilée hermétiquement, coiffée comme une bourgeoise élégante du Marais, elle porte sa marchandise à domicile.

Il ne faut pas s'imaginer qu'elle gravit les étages au hasard et qu'elle sonne à la première porte venue qui se présente à elle, tout comme un vulgaire courtier d'assurances ou comme un simple abonneur de l'illustre Dufayel, de Vidouville (Manche), oh ! que nenni ; elle va à coup sûr, elle est admirablement renseignée.

La prostitution à domicile est organisée d'une façon supérieure.

Il existe, dans les grands cafés des boulevards, des rastaquouères mis richement, la boutonnière ornée d'une rosette multicolore ; ils se disent tous ingénieurs civils ou rédacteurs d'un canard quelconque ; à les entendre, ils sont la fine fleur des pois, le dessus du panier, personne ne les égale en honnêteté. Presque tous sont du Midi.

Ces individus, qu'on prendrait à première vue pour de grands seigneurs, sont tout simplement des *rabatteurs*.

Leurs centres d'opérations sont les grands cafés, les restaurants de nuit, le Moulin-Rouge, le Casino de Paris, l'Elysée-Montmartre, les Folies-Bergère, le Moulin à la

Galette ; ils sont à la piste des hommes à passion, des vieux cochons qui mettent plus de ténacité à découvrir *la spécialiste* de leurs rêves que Christophe Colomb n'en mit à découvrir l'Amérique.

Les *rabatteurs* les suivent pour connaître leur adresse ; ils interrogent les filles sur les goûts du *miché* et sa générosité comme *miseur* ; ils notent scrupuleusement tous ces renseignements, par lettre alphabétique, sur un carnet spécial dont voici un échantillon :

N° 27. V.

Pour Madame de Vanda.

Monsieur le marquis de N..., 70 ans, avenue Friedland, n° 215, très riche, passion facile à satisfaire, donne cent francs, une fois par semaine. Se rendre chez lui de dix à onze heures. Demandez M. Adolphe.

Voici en quoi consistait « la passion facile à satisfaire » :

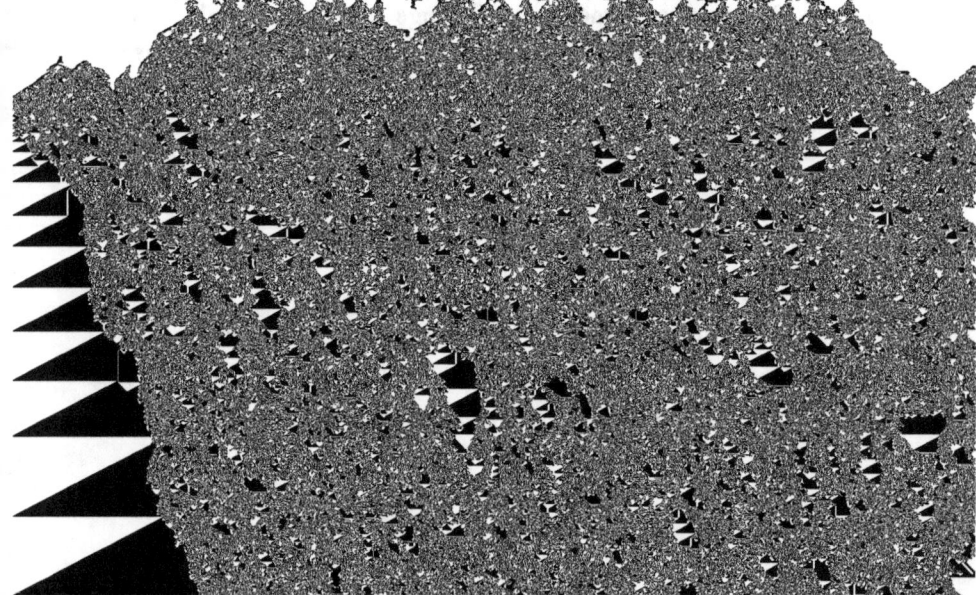

Coût : cinq louis.

Je regrette de ne pouvoir citer toutes les pages de ce carnet ; toutes les passions y sont décrites avec un raffinement à faire venir l'eau à la bouche; auprès de ces pages : *Gamiani*, le *Sopha* de Crébillon, le *Paysan perverti* de Rétif de la Bretonne, et tous les livres badins du xviii⁰ siècle sont des évangiles.

Tous les matins, le *rabatteur* va au rapport et vend à ses clientes, contre espèces sonnantes, les renseignements qu'il a recueillis.

On voit que ces dames opèrent à coup sûr.

Ils font coup double, car ils fournissent également, sur les femmes, des renseignements aux vieux à passions.

Ces renseignements sont notés sur un autre carnet, non moins curieux que le premier :

N° 43. B.

Pour M. A. de Boussy.

Léa de Saint-Ambreuil, 19 ans, brune ou blonde à volonté, rue Léonie, 22, toute la journée, ne se dérange pas ; prix variable suivant les exigences du client, passée maîtresse dans l'art de pratiquer le *baiser à l'hameçon* et le *coup du plumeau turbulent*. A toujours de jeunes et jolies bonnes venant de leur village.

Le métier de *rabatteur* est lucratif.

Revenons à la marchande de plumes.

Après les employés, la marchande de plumes, en acier poli inusable (elles peuvent servir cinquante ans), visite les Ministères, les chefs de bureaux principalement.

7.

L'après-midi, elle fait les pèlerinages aux environs de Notre-Dame-des-Victoires ou de la basilique du Sacré-Cœur.

On comprendra que je glisse sur sa façon de présenter sa marchandise ; seulement, j'ai retenu à ce sujet un mot d'une jeune fille d'une naïveté adorable.

La marchande de plumes allait tous les deux jours, à heure fixe, rendre visite au comte de X..., vieillard complètement aveugle ; sa fille, intriguée, car le comte avait donné l'ordre formel que l'on ne le dérangeât pas quand la marchande était là, demanda un jour à sa gouvernante :

— Je voudrais bien savoir pourquoi papa, qui est aveugle, consomme tant de plumes ?

— C'est sans doute cette dame qui fait la correspondance de votre père, répondit la gouvernante en rougissant.

Mais je ne vois jamais de domestiques mettre de lettres à la poste ?

Bel an, bon an, mal an, quoiqu'elle n'ait pas de morte-saison, 10,000 francs de bénéfice avec douze boîtes de plumes !

C'est un peu plus fort que de se faire 3,000 francs de rente en élevant des lapins !

Cela prouve qu'il existe des femmes qui savent tailler habilement leur existence dans le gâteau parisien.

X

La spécialiste. — Le curé de campagne. —Un mari symboliste. —. Le
raccrochage à la flanc. — Le levage de la bonne. — Promesses
alléchantes. — Le coup de la lettre. — Les vieux cochons. —
Encore une de plus en circulation.

Il y a aussi la *spécialiste* surnommée : *le curé de campagne*, expression inventée par Laferrière et Déjazet, ces
deux vers d'un quatrain qui courut tout Paris vers les
dernières années de l'Empire, nous donnent l'explication
des aptitudes de la *spécialiste :*

> Tout se passe par devant, le matin, chez le notaire
> Mais le soir, chez Laferrière, tout se passe par derrière,
> . . . .

Il existe un homme marié dont la femme est une *spécialiste* très répandue et très renommée ; il va sans dire
que l'homme est un maquereau de la plus belle eau, ce
qui n'empêche qu'il est reçu en haut lieu. Une vipéreuse
qui ne peut pas le souffrir dit : « Qu'il promène ses écail-
les de salons en salons. »

Pour désigner sa *spécialité* chastement, quand elle va au
théâtre, le mari demande à l'ouvreuse un coussin sur
lequel il fait asseoir sa femme pour préserver sa boîte à
ouvrage !

Ce maquereau n'est pas sans esprit ; il fait du petit journalisme pour justifier d'une profession et masquer la véritable.

Un soir, je le rencontrai allant à l'Opéra ; à la boutonnière de son habit, il avait un piquet de chrysanthèmes jaunes ; quelle singulière idée, lui dis-je, de choisir une pareille couleur ?

C'est, me répondit-il, une couleur symbolique. Ce bouquet signifie que je demande à être trompé par ma femme le plus souvent possible.

Ce cynique très fin de siècle, qui n'est pas malheureusement un isolé, a une autre corde à son arc ; il sait par expérience qu'une souris qui n'a qu'un trou est bientôt prise. Il a inventé le *raccrochage à la flanc* (accoster quelqu'un au hasard).

Vêtu en bourgeois cossu, il flâne dans les squares, hiver ou été, cela ne fait rien. Prenons le square de la Trinité. Il en fait plusieurs fois le tour en inspectant minutieusement les femmes assises sur les bancs ou sur les chaises ; quand il aperçoit une bonne jeune et gentille, seule, ayant l'air de s'ennuyer à cent francs par tête, il s'assied, sans affectation, à côté d'elle. Il la regarde d'un air indifférent ; la fille, à la dérobée, lui jette un coup d'œil en dessous.

— Vous vous ennuyez, mademoiselle ? lui dit-il.

Si elle ne répond pas, il n'insiste jamais, il n'y a rien à faire ; mais quatre-vingt-dix-neuf fois sur cent elle répond timidement :

— Oh ! oui, monsieur.

Alors la conversation s'engage.

— Je vous vois seule, vous êtes sans place ?

— Oui, monsieur; il y a huit jours.

— Vous êtes chez vos parents?

— Non, ma famille est en Normandie.

— Alors vous couchez à l'hôtel?

— Oui, depuis que j'ai perdu ma place.

— Vous allez y manger vos économies; vivre dehors, à l'hôtel surtout, cela coûte cher.

— Hélas! monsieur, je ne sais ce que je vais devenir; je ne trouve pas à me placer parce que je n'ai plus d'argent pour payer le placeur, et mon h... ier me menace de me renvoyer et de garder ma malle.

— Ah! ma pauvre enfant, ajoute-t-il d'un air navré, c'est la providence qui m'a conduit ici; justement ma bonne est partie ce matin, et ma femme en cherche une.

Vous avez des certificats?

— Je n'en ai qu'un parce que je n'ai servi qu'une fois.

Souvent cela est exact de toutes les façons.

— Eh! bien, mademoiselle, reprend-il, voulez-vous venir avec moi, vous plairez sans doute à madame?

Voilà le premier acte du *levage*.

Ils partent. Arrivés à la maison, un domicile confortable, madame l'interroge; elle n'est pas difficile sur les réponses; on convient du prix, et, le soir même, un commissionnaire va chercher la malle, dégagée de l'hôtel.

Cinq ou six jours plus tard, la bonne est acclimatée; elle trouve ses nouveaux maîtres charmants; mais voilà qu'un matin, madame la sonne et lui tient ce langage:

— Amélie, vous êtes une bonne fille; je sais que vous venez d'envoyer vos gages à votre famille pour l'aider à élever vos jeunes frères et sœurs; vous ne pouvez rien vous acheter, vous ne gagnez pas suffisamment; je veux

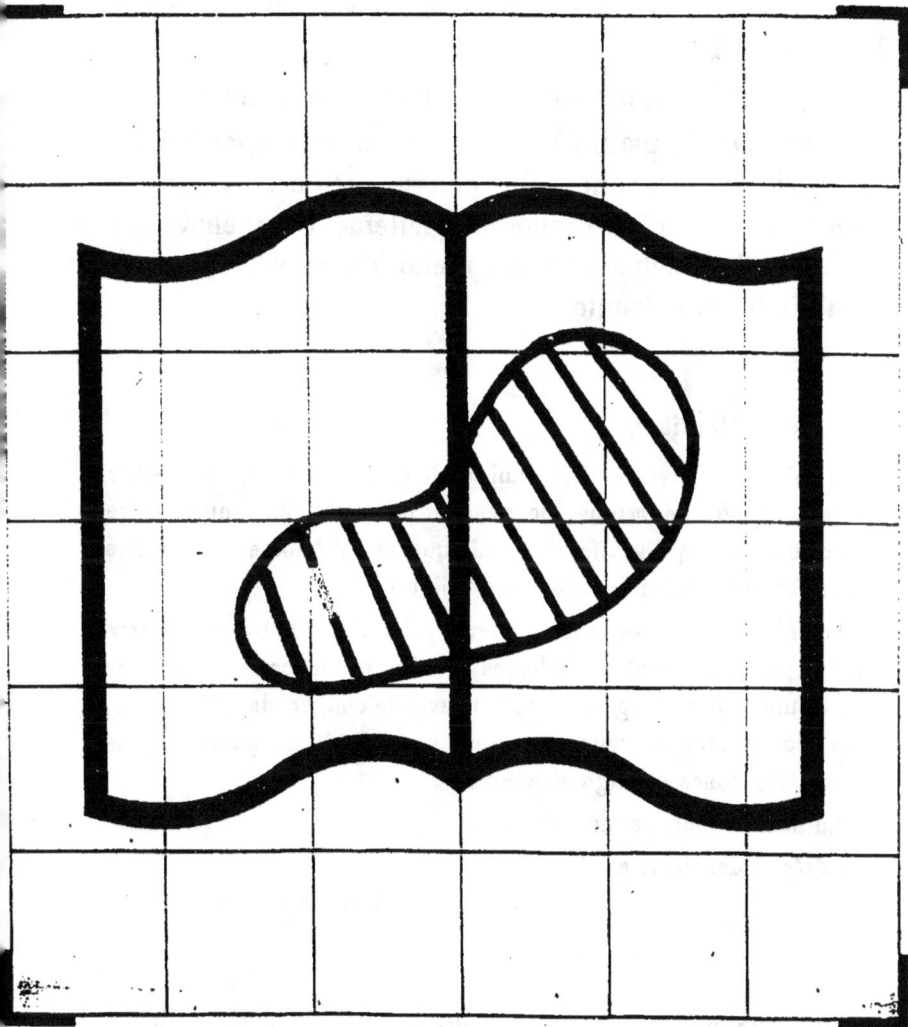

faire quelque chose pour vous. J'ai un grand nombre
d'amis avec lesquels je suis en correspondance, je n'aime
pas à confier mes lettres à la poste de peur d'indiscré-
tions, car mon mari est jaloux ; si vous voulez, vous me
les porterez ?

— Avec plaisir, madame est si bonne pour moi !

Le lendemain matin, la patronne passa l'inspection de
la toilette de sa bonne ; elle poussa même la complai-
sance jusqu'à lui arranger coquettement les cheveux ;
elle les lui attacha avec un nœud de ruban, puis lui
remit la lettre suivante :

Monsieur,

Je suis une pauvre artiste tombée dans le malheur, après avoir
connu des jours de fortune, de gloire et de succès. Je connais votre
cœur pour ceux qui souffrent, je sais que votre bourse est ouverte
aux infortunes, entendrez-vous ma prière ?

Accordez-moi un secours, je vous prie. Cette lettre vous sera
remise par une enfant d'une bonne famille de laquelle j'ai soin, ce
qui ajoute à mes charges. Si vous pouvez m'obliger de cent francs,
cela vous portera bonheur, et cela me permettrait de garder auprès
de moi ma douce et mignonne Amélie.

Au nom du ciel, ne me refusez pas.

Agréez, Monsieur, etc.

Pauline D'ORMOY.

— Vous allez, ma petite Amélie, porter cette lettre à
M. A. de Verdun, rue Labruyère, 174 ; c'est un vieillard
un peu maniaque, ne vous effarouchez pas de ses allures ; vous me rapporterez fidèlement ce qu'il vous donnera et vous serez largement récompensée.

Ah ! à propos, il faut que monsieur ignore cette démarche.

Généralement, c'est vers huit ou neuf heures du matin qu'elle envoie ses missives, l'heure est des plus favorables.

La bonne arrive à l'adresse indiquée ; elle remet la lettre ; le vieux la lit et répond qu'il ne connaît pas la signature, qui l'a apportée ? dit-il.

— Une jeune et jolie fille, répond le domestique.

— Faites-la entrer.

Vingt fois sur vingt la bonne ne proteste pas ; elle pense peut-être qu'à Paris c'est la coutume de répondre ainsi aux lettres que l'on reçoit.

La séance se devine.

Quand la bonne s'en va, elle emporte sous enveloppe un billet de cent francs sur lequel sa patronne lui donne cent sous.

Juste le sou du franc !

Un jour, pour rentrer chez lui, un magistrat de ma connaissance changea son itinéraire habituel ; il passa rue de Provence ; grand collectionneur, il adore les bibelots ; en passant devant le nº ..., il aperçut des tapisseries étincelantes affichées à un prix des plus modiques.

Il s'approcha et découvrit, parmi d'autres objets, une coupe en bronze, ciselée, dont la forme originale le séduisit à première vue.

Il entra et fut reçu par deux jolies femmes qui se précipitèrent vers lui d'un air aimable, empressé.

Songeant à son bibelot, il ne fit pas attention aux marchandes.

— Combien, fit-il, cette coupe qui est en montre ?

— Dix francs.

C'était pour rien. Le magistrat tira de sa poche un billet de cent francs qu'il remit à l'une des deux femmes.

— Si monsieur veut venir chercher la monnaie ? lui dit la femme.

Il suivit la marchande et se trouva dans un salon coquet, glace partout, tapis épais sur le sol, un canapé et des poufs complétaient l'ameublement.

Étonné, il attendit.

La femme lui prit les mains. Je passe sur la scène et sur la conversation.

— Mais c'est ma monnaie et mon vase que je veux, fit-il d'un ton qui n'admettait pas de réplique.

Les deux femmes se rajustèrent en un clin d'œil, comprenant qu'elles s'étaient trompées, rendirent la monnaie et la coupe à l'amateur.

La maison ne fut pas fermée.

On compte environ, à Paris, trois cents boutiques de ce genre. Il est assez rare que les patronnes opèrent elles-mêmes, cela s'explique ; les clients veulent sans cesse du nouveau, et il faut leur en servir sous peine de ne plus faire d'affaires. Cela ne les embarrasse pas, elles ont cinquante femmes pour une, et le *salon d'essayage* ou de *lecture* ne chôme jamais.

XI

Opinions du docteur Garin. — Paris-Impur. — Nouvelles manières
de raccrocher. — Les différents noms des isolées. — Un chiffre
éloquent. — Un patron vexé et une ouvrière pratique. — Ce qui
vient de la flûte retourne au tambour. — Le Bois de Boulogne. —
Le Bois de Vincennes. — Les jardins publics. — Beau blond
écoutez-moi donc. — Les hôtels et la prostitution clandestine. —
Persilleuses et paysans. — Les bouges des halles. — Un paysan
calculateur. — Un enfant pour trois francs et un petit verre. —
Le coup du chandelier. — Logeurs et tenanciers.

M. le docteur Garin, médecin de l'hôpital de Lyon,
dans un rapport intitulé : *De la Police sanitaire et de l'as-*
sistance publique dans leurs rapports avec l'extinction des
maladies vénériennes, dit ceci : — « Pourquoi tant ménager cette classe de femmes ostensiblement entretenues,
dont la porte, presque ouverte à tout venant, a, pour
ainsi dire, une clé banale en circulation ?

« Pourquoi ces filles de joie, qui ne sont, après tout,
que la *Bohême plus ou moins fringante de la prostitution*,
ont-elles le droit de ruiner impunément, non seulement
la santé, mais les mœurs et la fortune de la jeunesse
dorée de notre temps ?

« Pourquoi ces Laïs et ces Phryné de notre âge, à qui
leurs exploits font un nom et dont le scandale fait la
gloire, peuvent-elles sans crainte étaler, sur les premiers
bancs de nos spectacles et de nos fêtes, leurs extrava-

gantes toilettes et leurs allures tapageuses, comme un effronté défi au luxe décent de nos femmes, comme une provocation ouverte au libertinage de nos fils ?

« Est-ce que l'honnêteté aurait quelque chose à perdre à voir ces Lesbiennes de rencontre chassées de nos lieux de plaisirs ?

« Est-ce que la santé publique n'aurait rien à gagner à les savoir astreintes aux mesures d'hygiène devant les-quelles se courbent les courtisanes, moins bien chaperonnées, il est vrai, mais non pas plus dangereuses ?

« Et pourrait-on beaucoup gémir sur l'honneur de quelques drôlesses soumises au joug, quand on applaudit à la capture de ces bandits émérites, qui ne sont pas plus haut placés, dans les habiletés du crime, que ne le sont ces sirènes dans le raffinement du vice ? »

Le docteur Garin ne vise là que les *isolées* de haut parage ; il en existe de plus dangereuses : ce sont les *isolées* du trottoir. Celles-là, à toute heure du jour ou de la nuit, sont sur le *tas* (à l'ouvrage).

J'ai raconté, dans *Paris-Impur*, quelques-unes de leur manière de « travailler » : — Les coups de *l'Hôtel* — des *Halles* — de *l'Eglise* — des *Jardins publics* — de la *Bourse* — de la *Bouquetière* — des *Omnibus* — de la *Veuve* — du *Cimetière* — de *l'Enfant* — des *Râtés* — de la *Blanchisseuse* — du *Chemin de fer* et de *l'Abandonnée*, mais depuis bientôt quatre ans, combien de perfectionnements !

Nous avons à ajouter les coups de *l'Anglaise* — de la *Nourrice* — de la *Salle d'attente* — du *Timbre-poste* — de la *Bretonne* — de la *Modiste* — de la *Bonne* — de la *Clé* — du *Curé* — de la *Tour Eiffel* et du *Jésus*, etc.

Tout un monde.

Les *Isolées* appartiennent à toutes les catégories de femmes. Tous les noms dont on les affuble se résument en un seul : *la Persilleuse*.

Cette expression est entrée dans le langage moderne, aussi bien dans celui du peuple que dans celui du monde, elle a remplacé l'expression de *racoler, raccrocher, ramener* ; elle exprime d'ailleurs, énergiquement, ce qu'elle veut dire.

Pour la *Persilleuse*, l'homme est une proie, comme le poisson pour le pêcheur ; tout comme ce dernier, elle l'amorce du regard, du geste, en se retroussant d'une façon provocante, surtout si elle a la jambe bien faite, par un déhanchement significatif, afin de le pêcher ensuite.

La *Persilleuse* s'est successivement appelée : *Ambulante, Autel de besoin, Camelote, Chameau, Chiasse, Pouffiace, Vadrouille, Brosse à plancher, Conasse, Vague, Rôdeuse, Mademoiselle du Pont-Neuf, Gironde, Gonzesse, Largue, Limace, Traîneuse, Râleuse, Trimardeuse, Batteuse d'Antif, Bifteck à corbeaux, Poniffe, Magneuse, Marneuse, Ménesse, Omnibusarde, Wagon, Pierreuse, Terrière, Punaise, Rempardeuse, Lorette, Cocote, Dégrafée, Horizontale, Mouquette, Agenouillée*, et enfin, pour résumer le tout : Putain !

Elles sont, au bas mot et sans exagération, *cent mille* à Paris, pour une population d'environ *deux millions cinq cent mille habitants*, ce qui donne la proportion énorme de QUATRE POUR CENT !

La statistique officielle fixe le chiffre des *Isolées* à peu près à *cinq mille ;* aussi les partisans de la fermeture des maisons de tolérance se sont-ils emparés de ce chiffre pour soutenir leur thèse et nier les progrès croissants de la prostitution clandestine.

D'ailleurs, sur quoi se basent les statisticiens, pour établir ce recensement ?

Sur les cartes délivrées, sur la visite, cela est possible ; mais les *insoumises* qui échappent à tout contrôle, à toute surveillance ?

Ce sont celles-là qui composent l'arme de la prostitution clandestine, et non les *soumises*.

S'il était vrai qu'il n'y ait que *cinq mille isolées*, comment admettre que la prison de Saint-Lazare a, annuellement, un mouvement de *onze mille entrées et sorties?*

Le Dépôt de la Préfecture de police, où les filles subissent des peines disciplinaires variant de six à huit jours, pour infraction aux règlements sur la prostitution, en reçoit au moins, annuellement, un nombre égal; cela nous donne, en moyenne, un chiffre annuel de *vingt mille* filles, les deux autres mille sont des voleuses.

Un certain nombre sont récidivistes, il est vrai; prenons-en *trois mille*, il en reste *dix-sept mille !*

Nous voilà loin des fameux cinq mille.

Il faut se souvenir que la prison de Saint-Lazare est l'infirmerie centrale où sont envoyées les filles arrêtées dans les rafles et reconnues malades, et qu'elles ne sortent de cette prison-hôpital que parfaitement guéries; l'une d'elles y est restée en traitement pendant dix-huit mois.

Or, en prenant la statistique officielle des registres de la prison de Saint-Lazare pour base, en admettant que sur le chiffre de *onze mille entrées*, il y ait mille prévenues ou condamnées, il reste donc un total de *dix mille* prostituées soignées annuellement dans cette prison-hôpital.

C'est le double des *isolées* signalées par la statistique des écrivains partisans de la fermeture des maisons de tolérance.

Voilà la preuve irréfutable, absolue de la fausseté voulue de ces chiffres fantaisistes.

Ce chiffre de *cent mille* sera réfuté : il est pourtant malheureusement exact. Sans entrer dans des considérations philosophiques et sociales, on peut lui attribuer ces causes : la paresse, l'amour du luxe, la misère, l'insuffisance du salaire dans les ateliers.

En voici un exemple typique :

Dernièrement, je me trouvai dans une maison de rendez-vous et je vis la scène suivante :

Deux messieurs entrèrent dans le salon ; l'un était le patron d'un grand atelier de couture ; ils s'assirent et des femmes vinrent ; parmi elles, il reconnut une de ses ouvrières.

— Tiens, dit le patron en s'adressant à elle, que faites-vous ici ?

— Vous le voyez.

— J'aurai pu coucher avec vous à l'œil, mais comme je tiens sévèrement mon personnel, je ne l'ai pas fait ; ici ce n'est pas la même chose, voulez-vous coucher avec moi ?

— Parfaitement, je suis ici pour cela, mais il faut *danser*.

— Combien me prendrez-vous ?

— Un louis.

— Un louis ! c'est rudement cher.

— Mon vieux, il faut bien que je rattrape ici ce que tu me voles chaque jour à l'atelier !

Et il paya.

Voilà la moralité.

Partout on rencontre les *Isolées*.

Au Bois de Boulogne, en calèche, le jour ; la nuit, dans les fourrés.

Au Bois de Vincennes, de même.

Dans les jardins publics, principalement aux Tuileries.

Dans les fortifications.

Dans les Champs-Elysées.

Sur les boulevards extérieurs.

Dans les passages Jouffroy, des Panoramas et Verdeau.

Sur les boulevards de la Bastille à la Madeleine.

Partout, en un mot, dans les endroits fréquentés, on rencontre les *Isolées*.

Leur truc est des plus simples. Tout le monde le connaît.

— Beau blond, viens-tu chez moi, je ne demeure pas loin, je serai bien mignonne ?

Le « pas loin » c'est l'hôtel le plus voisin, car, à moins d'exception, elles ne ramènent pas dans leur quartier.

On ne se doute pas qu'il y a, à Paris, plus de *dix mille hôtels*, dont *six mille* au moins ont des chambres de *passe* pour les filles.

C'est sur les trottoirs des halles et des boulevards extérieurs : de la rue Lepïc à La Villette, et de Grenelle à Montparnasse que l'on rencontre ces hôtels borgnes, véritables repaires.

Là, la prostitution clandestine de bas étage s'étale dans toute sa hideur.

Dès sept heures du matin, sur les trottoirs des Halles centrales, on remarque, circulant à travers les légumes amoncelés, un certain nombre de femmes en cheveux, vêtues comme des ouvrières, portant un panier, comme si elles venaient faire leur marché ; elles ont la spécialité du *cul-terreux*, du *pétrousquin* (paysan). Il y a souvent gras quand les légumes sont bien vendus.

Il n'y a rien d'extraordinaire à ce que là, le métier soit fructueux ; le paysan se laisse facilement séduire.

Au logis, il a laissé sa femme, abîmée par les travaux de la terre, vieillie et usée avant l'âge par l'allaitement de ses enfants, ne se soignant pas, sentant plutôt le fumier que le lubin, mal ficelée, par économie, avec des sabots ou des savates éculées, des bas à vis, des jupons crottés et une chemise grossière.

Sur le trottoir, il rencontre une fille fatiguée, mais jeune, généralement bien chaussée de bottines, avec un bas bien tiré ; elle a de la poitrine, elle sent l'eau de Cologne à quatre sous le flacon ; pour nous, ça pue, mais pour lui, en comparaison de l'odeur du fumier, c'est un parfum d'Arabie.

— Dis-donc, mon vieux, montes-tu ?

Le paysan se gratte l'oreille et examine la fille avant de répondre.

Elle poursuit :

— Viens donc, la femme n'en saura rien ; je n'ai pas étrenné ce matin, tu me porteras bonheur.

— Combien q'tu prends ?

— Cent sous !

— Tu n'voudrais pas ; avec cent sous j'achète un cochon de lait.

— Allons, c'est quatre francs.

— Non.

— Va te coucher *croquant*, tu n'es qu'un *peigne-cul*.

Le paysan se regratte l'oreille et se fait, *in-petto*, cette réflexion : ma femme me fait des enfants tous les ans, ça coûte cher. Il revient sur ses pas :

— Trois francs, ça va-t-il ?

— Tu es un vieux *râleur*, tu profites de ce que je n'ai pas *chargé*. Tu payeras un vieux marc.

Il arrive parfois que le paysan n'a pas vendu ses légumes ; alors c'est une autre conversation non moins typique :

— Je n'ai pas le sou.

— Dis donc que tu ne veux pas.

— Si, mais là, vrai, tu peux me fouiller. J'ai une idée, si ça te va, c'est fait.

— Voyons, *jacte*.

— Je te donne en échange, à ton choix, un sac de pommes de terre ou une douzaine de bottes de carottes.

— Ça marche : fournis les légumes, moi je fournis la viande, mais à condition que tu les porteras chez moi.

Ce libre-échange, rêvé par Proud'hon, qui fut si bien blagué dans *la Foire aux Idées* se pratique couramment.

XII

Les boulevards extérieurs. — De Grenelle à Montparnasse. — De Montmartre à Ménilmontant. — Noms des garnis. — Sobriquets des filles isolées. — Les fortifications. — C'est vingt sous et une chopine. — Les promenades publiques en province.

Les filles ne sont pas embarrassées pour se défaire des légumes ; elles s'entendent avec une gargotière voisine, qui, en échange, la nourrit pendant un certain temps, suivant l'importance du gage.

Cela a un autre résultat : elle dit aux voisins que le paysan est un riche propriétaire de Gennevillers, son oncle, qui l'entretient de légumes.

Cela la pose dans le quartier.

Les voilà partis. La fille marche devant pour indiquer le chemin, il la suit et ils montent dans un des nombreux bouges qui avoisinent les Halles.

Ces bouges, en plein cœur de Paris, sont tout ce qu'il y a de plus infect ; ils se trouvent dans le pâté de maisons, situé entre les rues Saint-Denis, Montmartre, Turbigo et Rambuteau.

Ces cloaques sont épouvantables : à côté d'eux, les maisons de tolérance sont des palais.

Toutes ces maisons datent du moyen-âge, ce sont les

derniers vestiges du Paris de Philippe-Auguste ; les rues sont étroites, les maisons se touchent, les allées sont sombres, humides, visqueuses ; les ordures, qui y sont amoncelées, puent et rendent les dalles glissantes ; les murailles suintent ; les escaliers usés, raides comme des échelles de meunier, les lieux et les plombs à découvert, répandent une odeur nauséabonde ; sur les carrés étroits, les femmes ont placé des fourneaux en terre, sur lesquels cuit un maigre pot-au-feu, confectionné avec des rognures à quatre sous la livre, ou grésillent des harengs qui empoisonnent ; les couloirs, aussi obscurs, aussi humides, aussi sales que le reste, aboutissent sur ces carrés ; de chaque côté des couloirs, des portes mal jointes, vitrées de carreaux cassés, raccommodés avec des vieux journaux, donnent accès à des taudis sans nom ; ils sont meublés d'une couchette en bois blanc peint, un seul matelas de varech sur une paillasse éventrée, une couverture en laine grise, des draps crasseux et graisseux puant le vinaigre de Bully et des odeurs de bazars, un oreiller, deux chaises dépaillées et dépareillées — elles sont indispensables — une cuvette et un pot à eau — objets non moins indispensables — aux murs, du papier à quatre sous le rouleau, papier qui tombe en lambeau, souillé par les crachats et les déjections de toute nature, les trous en sont bouchés par une chanson ordurière, un journal à images ou le portrait d'un assassin célèbre ; comme fenêtres, un petit jour de souffrance, qui, lorsqu'il est ouvert, laisse monter les odeurs pourries de la cour, qui forme entonnoir.

Tout cela tient dans un espace de deux mètres de large sur trois mètres de long, et rapporte au logeur plus qu'un appartement du boulevard Haussmann.

Voici comment :

Ces taudis ne sont pas loués au mois, ils le sont à la *passe ;* le contrôle est ainsi fait :

A l'entresol, ou au premier étage, est établi un réduit, dans lequel une femme a peine à se tenir seule debout ; sur une tablette, des chandeliers garnis d'une bougie commune ; au mur, un tableau portant des numéros au-dessous desquels sont accrochées des clés munies d'une plaquette de cuivre avec des numéros correspondants.

La porte de l'allée, à claire-voie, est reliée au réduit, pompeusement appelé bureau, par un fil de fer ; chaque fois que la porte est ouverte, elle fait tinter une sonnette ; si la gardienne du bureau est absente, elle accourt, elle donne un chandelier, qu'il fasse nuit ou qu'il fasse jour ; c'est le contrôle : le chandelier et la clé absents indiquent que la chambre est momentanément occupée.

En échange du chandelier, la fille lui remet *cinquante centimes* ou *un franc.*

Supposons cinq chambres — il en est qui en ont jus-qu'à dix — cinq filles viennent en moyenne chacune *six fois* prendre le chandelier, à cinquante centimes cela fait *quinze francs,* à un franc, cela fait *trente francs.*

Et les patrons logeurs s'indignent contre les tenanciers de maisons de tolérance !

Ils jouissent d'une certaine considération dans leur quartier ; ils sont parfois membres influents d'un comité électoral socialiste-révolutionnaire et à la tête des réu-nions publiques pour tonner, comme le docteur Fiaux, contre l'immoralité des maisons autorisées !

Ces *loueurs* sont, dans certains quartiers, dans la pro-portion de *quatre-vingt-dix pour cent.* Je dis les *loueurs* et non les *logeurs* avec intention, car il y a une nuance sérieuse entre les deux.

Ils forment un syndicat puissamment organisé ; on l'a vu il y a quelques mois, lorsqu'un projet de réglementation sévère fut déposé à la Chambre des députés. Ce projet fut enterré dans les cartons, et, s'il revoit le jour, il ne sera voté que considérablement amendé.

Du reste, il est bien inutile, parce que l'administration est suffisamment armée ; à preuve, quand elle veut s'en donner la peine, on voit les *loueurs* défiler en procession devant le tribunal de simple police.

En effet, les *loueurs* n'ayant plus besoin d'autorisation de la Préfecture de police font ce qu'ils veulent ; on a vu des garnis changer de patron huit à dix fois dans une année. Ils ne font ces changements fictifs qu'après avoir usé le truc du gérant.

Il est simple comme bonjour.

Paris fourmille d'affamés qui, le jour, *regardent défiler les dragons* — ne mangent pas — et la nuit, *filent la comète*. Pour une pièce de cent sous par jour, voilà une pépinière de gérants.

Ce sont ces pauvres diables qui encaissent les contraventions, subissent les amendes et font les journées de prison infligées par le tribunal de simple police.

Pendant sa détention, le *loueur* prend un autre gérant qui subira le même sort, jusqu'à temps qu'il se retire tout à fait des affaires, après fortune *gagnée*, en favorisant la prostitution clandestine, puis s'en va vivre *honnête* dans son pays, où il devient un gros bonnet de par le prestige de Sa Majesté l'Argent.

Drôles de citoyens, plus crapules que les souteneurs, car s'ils n'existaient pas, la prostitution clandestine n'ayant pas de refuges, diminuerait dans de notables proportions.

Sur les boulevards extérieurs, c'est encore pire, surtout du boulevard Barbès à Ménilmontant.

Autrefois, avant 1862, quand les barrières existaient, *extra-muros*, le côté gauche des boulevards étaient bordé par des guinguettes établies dans des masures ; quelques-unes ont été démolies pour faire place à de grandes bâtisses, mais la plupart sont restées debout. C'était déjà sale alors, on peut juger ce que cela doit être, aujourd'hui qu'elles sont trente ans plus vieilles.

La plupart des boutiques qui sont au rez-de-chaussée de ces masures sont occupées par des marchands de vins logeurs, et quels bouges !

C'est à faire reculer les plus intrépides.

Tous ces garnis, dans le langage des habitués, ont des noms très caractéristiques :

L'Abattoir, l'Arche de Noé, les Artistes, le Pou volant, Rocambole, le Grand Perchoir, la Ravignole, le Purgatoire, l'Assommoir, les Chevaliers errants, la Beffine, le Grand Collecteur, la Fosse, la Rétape, les Philanthropes, la Soupe, la Gâterie, le Lycée, la Négresse, la Carne, le Sac-au-dos, le Grand Perthuis, A la Grâce de Dieu, la Camarde, le Clou, le Rancart, la Botte-à-Domange, les Misérables, le Philosophe, les Jésus, la Pégriote, l'Emétique, l'Armée-roulante, les Mystères de Paris, les Claque-dents, les Silos, Robinson, l'École de Toulon, la Débine, les Colons, le Lapin voyageur, le Corbillard, les Marais-Pontins, la Charmante, la Gadoue, A la Belle-Étoile, le Casse-cou, la Nouvelle, la Gouape, la Ruine, la Préfectance, le Chien crevé, les Entraînés, l'Orangerie, la Rose des Vents, la Banque de France, le Noceur, les Rosiers, les Aristos, Brise des Nuits, le Pérou, les Lilas, l'Élysée, la Caisse d'Épargne, les Beurriers,

8.

Monaco, les Saints-Anges, le Fils de famille, les Dessoudés, le Radeau-de-la-Méduse, le Choléra, le Grand pré, le Ponton, les Refroidis, Monte-à-regret, la Bérésina, la Corde, au Grand-Bol, la Puce-qui-renifle, le Pou-couronné, etc., etc.

Les femmes ont des sobriquets non moins caractéristiques : *la Rouquine, Poil aux pattes, Nini la vache, la Désossée, Pot à tabac, la Môme, Goutte de sperme, la Sardine, la Merdeuse, Chie par force, Trompe la mort, Gueule d'empeigne,* etc., etc.

Tous sobriquets plus sales les uns que les autres.

La femme fait la porte dès sept heures du matin ; elle n'a pas à aller loin pour *monter,* cela se passe dans la maison ou dans un cabinet clos par une cloison en planches qui le sépare de la boutique.

Pendant qu'elle *travaille,* le souteneur joue au zanzibar sur le zinc avec le patron.

Quand la fille a achevé son client, elle paye la tournée..., et le sergent de ville se promène tranquillement devant la porte !

Il est impossible d'évaluer, même approximativement, la quantité de ces bouges en plein cœur de Paris ; autrefois, avant l'annexion, c'était la banlieue, presque la campagne, cela s'expliquait, mais aujourd'hui que les boulevards qui occupent la place des anciens murs de ronde sont aussi fréquentés que le boulevard des Italiens, cela ne s'explique pas, c'est une monstruosité.

Tous ces coins sont des repaires, des nids à voleurs, à recéleurs et à filles publiques, et je m'étonne qu'il n'y ait pas, dans ces parages, un plus grand nombre d'attaques nocturnes et d'assassinat.

Pourquoi, je le répète, ne fait-on pas purement et simplement fermer ces sentines où le vice tient ses grandes assises?

On objectera que la police a l'œil sur ces repaires et qu'elle veille. Elle veille à quoi?

Pas sur les passants toujours, car il ne se passe de nuit que l'on ne crie : à la garde! au voleur! à l'assassin!

Il y a des rues où il y a une telle quantité *d'isolées,* qu'il est impossible de faire un pas sans être raccroché, et en quels termes, bon Dieu!

Elles raccrochent devant les enfants qui sortent de l'école, les petites filles et garçons entendent les propos orduriers et les retiennent.

Ah! c'est un bel exemple que donne toute cette pourriture en liberté!

Si on ne leur répond pas, elles vous insultent; tout le vocabulaire crapule y passe : *Pané, vieux fourneau, viande à macquart, tête de cochon, marlou à la mie de pain, las de chier,* etc., etc.; heureux encore quand les souteneurs ne viennent pas à la rescousse *taper dans le piton* du récalcitrant qui méprise les charmes de leurs *marmites.*

Ce tableau est atténué.

Sur les fortifications, cela se passe en plein vent; pas d'hôtel à payer, c'est tout bénéfice; pour les délicats, il y a le ruisseau boueux et fétide qui coule dans les fossés!

Elles ne sont pas exigeantes, celles-là; vingt sous et une chopine.

Ce n'est pas Paris seul qui a ce triste privilège; il en est de même en province, les promenades publiques sont envahies.

Je me souviens qu'un soir, à Vichy, je fus raccroché

dans les allées qui bordent l'Allier ; je lui répondis : là, en plein air, mais on peut être arrêté pour outrage aux mœurs ; tiens, me répondit-elle, tu vois ce banc, je viens de faire le commandant de gendarmerie !

A Bordeaux, aux allées de Meilhan ; à Bayonne, place d'Armes ; à Marseille, cours Belzunce ; à Lyon, au parc de la Tête d'Or ; à Rouen, au Boulingrin et cours Cauchois ; il faudrait citer toutes les villes où il y a des promenades publiques.

Et il se trouve des gens pour crier contre les maisons de tolérance !

Le Moulin-Rouge. — L'Élysée-Montmartre. — Bullier. — Le
Casino de Paris. — Le Jardin de Paris. — Le Moulin de la
Galette. — Au profit des inondés de Montmartre. — La leveuse.
— La mastodonte. — Le tarif des confitures. — On dépose sa
chemise au vestiaire. — La Tour Eiffel et son Jésus. — Un
ménage pas feignant. — Brêmes et morues.

Tout Paris connaît ces établissements où, sous l'œil
paternel de l'autorité complaisante et bienveillante s'étale,
aux reflets de la lumière électrique, une prostitution
éhontée, sans frein, sans limites, d'autant plus sale et
plus ignoble qu'elle n'a pas la misère pour excuse : c'est
véritablement un métier.

Les principaux de ces établissements, qui sont pourtant régis par des arrêtés de police et sous la surveillance
immédiate des agents de la préfecture de police, sont très
nombreux.

Je ne veux parler que des principaux, de ceux dans
lesquels on coudoie, presque chaque soir, les personnages les plus graves : des littérateurs, des Prudhommes,
ceux-là même qui tonnent le plus haut contre la démoralisation qui envahit les masses, et qui l'encouragent par
leurs présences : vieillards séniles, usés, corrompus jusqu'aux moelles, qui viennent se repaître d'ordures, de
saturnales à faire rougir un champ de coquelicots, qui

s'esclaffent et applaudissent à tout rompre le bataillon de femelles à moitié saoules qui montrent tout ce qu'elles peuvent montrer et au-delà : s. d. g. g.

Cette foule de vieux cochons, de jeunes blasés, émaciés, pourris, ne peut mieux être comparée qu'à une bande de chiens haletants qui trottent dans les rues aux trousses d'une chienne en chaleur.

Ces filles ont de béaux linges blancs, l'enseigne est affriolante ; elles possèdent l'art de disposer leurs dentelles comme le charcutier possède celui de disposer son étalage pour faire entrer les passants dans sa boutique ; elles ne raccrochent pas seulement les imbéciles par la parole et les promesses les plus obscènes, elles mettent tout en œuvre.

Ah ! la pantomime est expressive : le bas noir, bien tiré, laisse voir un filet de chair rose ; le pantalon collant laisse deviner la rotondité des cuisses ; la robe plaquée sur les hanches indique aux amateurs un train de derrière opulent ; l'échancrure du corsage est habilement faite pour que l'œil puisse plonger à l'aise et en explorer les profondeurs.

Ça, ce n'est que le hors-d'œuvre ; le plat de résistance, c'est le quadrille où ces dames, sans se gêner, puisqu'on les paye pour cela, lèvent la jambe, sans culotte s'il vous plaît, à la hauteur de l'œil.

Ces établissements sont au nombre de six dans des ordres différents :

Le Moulin-Rouge.

L'Élysée-Montmartre.

Bullier.

Le Casino de Paris.

Le Jardin de Paris.

Le Moulin de la Galette.

Toutefois, c'est à peu de chose près le même public ; ils ne diffèrent que comme public féminin.

Autrefois, Markowski avait la spécialité de ces bals ; mais, au moins, lui, avait un peu plus de pudeur, ils n'étaient pas publics, on n'y était admis que sur invitation.

Les gens qui les fréquentaient savaient à quoi s'en tenir ; ils étaient sûrs, dans les *Salons de Douix*, au Palais-Royal ou au *Bal mauresque* de la rue de Buffault, de ne pas se heurter à des pucelles — ils en eussent été bien fâchés — et quand le grand-prêtre de *la Froteska* annonçait une soirée au profit des inondés de la butte Montmartre, on pouvait marcher de confiance, certains de rencontrer toutes les putains de haute volée.

C'étaient des réunions privées... de moralité, il est vrai, mais au moins il n'y avait pas de surprises et on n'y était pas mélangé à d'affreux potaches à moitié crevés qui, comme au *Moulin-Rouge*, viennent *voir* pour dix sous, et comme le Savoyard de la légende, manger leur pain à la fumée !

Il en est tout autrement des établissements publics cités plus haut, qui ne sont en réalité que des *bouis-bouis* à cent coudées au-dessous des maisons de tolérance.

Comme à la halle, tout le monde peut y entrer moyennant une faible somme ; au contrôle, on ne vous demande pas votre extrait de naissance pour savoir si votre âge vous permet sans danger d'assister à ces dégoûtantes orgies.

La gamine qui y vient faire son apprentissage du trottoir est aussi bien reçue que les collégiens qui y viennent chercher une contremarque pour le pharmacien.

Au moins, au Bordel, comme disent d'un ton méprisant les putains de ces lieux publics, on ne reçoit pas qui veut ; si l'endroit est *public*, il n'est pas *banal*, et les jeunes gens sont impitoyablement consignés à la porte.

Il est certain qu'il ne faut pas retourner aux bals primitifs « où la mère, sans danger, pouvait conduire sa fille », aux bals éclairés par des quinquets fumeux, où l'on buvait des « saladiers de vin à douze » ; mais entre ces bals d'un autre âge et les hall somptueux où la prostitution s'étale sans vergogne à la lumière électrique, il y a un juste milieu.

Pour l'homme mûr, ces sentines sont amusantes ; s'il est exposé à des tentations érotiques, tant pis pour lui, il n'a qu'à rester au coin de son feu ; si un pêcheur ne veut pas s'exposer à attraper un rhume de cerveau ou un coup de soleil, il n'a qu'à ne pas aller au bord de l'eau ; « si tu ne veux pas qu'on marche sur ton ombre, ne vas pas dans la rue », dit le proverbe oriental. Qu'un bourgeois de soixante ans soit volé, pourri par le personnel de ces bals, c'est son affaire, et c'est bien fait ! Fallait pas qu'y aille, comme dit un refrain célèbre ; il n'existe aucune loi qui empêche l'homme de satisfaire ses passions comme bon lui semble et où bon lui semble, à condition toutefois qu'il n'outrage pas la pudeur publiquement.

Le véritable danger de ces établissements réside dans l'entraînement de la jeunesse, car ces écoles du *vice* préparent les écoles du *vol* pour satisfaire les passions qu'elle y contracte.

Le dimanche est très instructif pour l'observateur qui se place, à l'entrée et à la sortie, à la porte du *Moulin-Rouge* ; il y voit à l'œil nu des choses très remarquables.

La putain, qui suppose avoir fait un *levage* sérieux,

sort d'un air conquérant au bras de son *miché ;* il faut voir de quel air elle crie au chasseur :

— Joseph, une voiture ; un peu plus elle dirait *ma* voiture.

La putain qui a fait chou-blanc sort d'un air mélancolique ; ce n'est pas une voiture qu'elle voudrait, mais à dîner ; alors elle va *râler* sur le terre-plein qui est en face, et elle guigne une bonne tête.

Souvent elle la trouve.

La putain d'ordre inférieur sort au bras de son garçon coiffeur ; ils s'en vont prendre l'absinthe chez Warin.

Encore plus bas, la putain qui craint une volée sort seule, parce que son souteneur, qui n'est pas assez bien mis pour pouvoir entrer au bal, l'attend à la sortie ; celles-là donnent des rendez-vous dans les hôtels du voisinage ; pendant que M. Alphonse sirote sa « verte » au bar, elle va faire une *passe* pour cent sous, souvent même pour trois francs.

De loin en loin, on voit rôder une femme qui n'a pas d'âge et qui paraît n'avoir pas de sexe ; c'est une proxénète qui chasse la *môme,* comme le brochet chasse l'ablette ; quand elle aperçoit du *gibier* à son goût, elle se précipite, et sans circonlocutions elle va droit au but.

Ce n'est qu'une question de marchandage, car la *gosse* est *affranchie.*

Il y en a une bien connue des « vieux à passions », qu'on nomme *la mastodonte ;* elle a la renommée d'avoir toujours à son service un personnel gourmand qui adore les confitures.

Il y a un tarif à l'usage des habitués, le prix varie suivant la nature du fruit : abricots, groseilles, mirabelles,

9

cerises, prunes ; la morale me prive de dire comment elles les mangent ....

Je dirai seulement que jadis un curé de Gaillon fut condamné aux travaux forcés à perpétuité pour en avoir trop fait........ manger, sans pain, à ses élèves.

Il y a de tout dans cet endroit : des femmes pour femmes, des hommes pour femmes et des femmes pour hommes ; des *Jésus*, des *pedés*, des *tapettes*, des *tantes*, des *rivettes*. Le choix pour l'amateur est aussi merveilleux qu'abondant.

Il y a quelques mois, une superbe fille qu'on avait baptisée, à cause de sa taille élevée, *la Tour Eiffel*, y était en vogue.

Elle était vraiment pratique, elle était pour hommes et pour femmes ; en bonne commerçante, elle savait par expérience qu'il ne fallait jamais refuser ses clients ; pourtant elle avait horreur de satisfaire certaine passion qui valut au comte de Germiny une si triste célébrité ; en conséquence, elle avait trouvé un moyen tout à fait fin de siècle : elle avait pris pour amant un pédéraste passif.

Quand elle faisait un *levage*, la première condition débattue était le service à rendre et le prix.

Quand elle tombait, et cela lui arrivait souvent, sur un de ces hommes qui commettent fréquemment et volontairement des erreurs de grammaire, ah ! pas de ça, Lisette, disait-elle, tu peux te fouiller ; mais j'ai ton affaire ; alors elle faisait l'article pour son amant :

— Tu verras comme il est mignon, et ce sera le même prix ; prends mon bras, nous allons aller le chercher.

Ils allaient à la table où le beau Louis trônait majestueusement devant un verre de grenadine et elle présentait le monsieur.

L'affaire était vite conclue, les deux hommes partaient ensemble et la *Tour Eiffel* continuait son *persil*.

Elle faisait trois ou quatre clients dans la soirée, lui autant ; quelquefois son côté donnait mieux que l'autre, mais la caisse était commune.

Deux heures du matin venues, ils se rencontraient, pour souper, dans une gargote de Montmartre, sorte de tapis-franc où se réunissent tous les souteneurs, les voleurs, les putains, les pédérastes qui y viennent de tous les coins de Paris.

Tout en mangeant la choucroute, ils se racontaient leurs travaux aussi tranquillement qu'au coin du feu un bon épicier raconterait à sa femme la vente de la journée, puis, fraternellement, ils partageaient le produit de là recette.

Quand elle n'opérait pas au *Moulin-Rouge*, elle travaillait à *l'Américain* ; lui, se tenait avec ses pareils dans un débit de tabac des environs, et il ne se passait pas de nuit qu'elle ne l'envoyât chercher par le chasseur pour la remplacer !

Malheureusement, ces détails honteux sont rigoureusement exacts, à tel point qu'un sénateur, au commencement de cette année, fit une interpellation au Sénat à propos d'un bal où les invités « avaient laissé leur chemise au vestiaire ».

C'était du *Moulin-Rouge* qu'il parlait, et je n'insiste pas sur le reste.

Le *Casino de Paris*, c'est un peu plus relevé ; il y a là une apparence artistique qui sauve le côté putain et masque le raccrochage ; cela sent meilleur ; mais vingt francs ou cent sous, c'est absolument la même chose.

Le *Jardin de Paris* et *Bullier* sont identiques au *Moulin-Rouge*.

A *l'Élysée-Montmartre*; nous descendons la moitié de l'échelle; malgré qu'il y ait un « inspecteur des mœurs », *le père la pudeur*, c'est un bel aquarium dans lequel il y a de tout : de la *brême* (1), de la *morue*, de la *crevette* et surtout un banc de *maquereaux*.

Quand les gens poussent une *vadrouille*, c'est un fait connu : allons à *l'Élysée-Montmartre*, voilà le cri; absolument comme les ménagères vont à la foire aux jambons chercher une vessie de saindoux, à cette différence près que les vessies de l'Élysée ne pourraient servir à confectionner une soupe propre.

Les souteneurs sont là en nombre, veillant avec un soin jaloux sur *la marmite*, et, en sortant, gare à la *bègne*, si elle est restée *affourchée sur ses ancres*; les *marlous* n'aiment pas *à calendriner sur le sable*.

Ce langage, que je tamise, indique la classe à laquelle appartiennent ces estimables citoyens et leurs femelles, parmi lesquelles on en compte de célèbres : la *Môme la crotte*, la *Môme caca*, la *Môme fromage*. La légende affirme que cette dernière a servi de litière à tout un régiment de cuirassiers !

---

(1) *Brêmes, morues, crevettes*, désignent des femmes de différents poids. *Maquereau*, qui vit de la femme. *Marmite* est expliqué précédemment; *bègne*, gifle. *Affourchée sur ses ancres*, un navire à l'ancre ne marche pas. *Calendriner sur le sable*, traîner la misère.

XIV

Le Moulin à la Galette. — La remonte. — Une bouquetière pratique.
— Location d'habits. — Les Folies-Bergère. — La halle aux
veaux. — Maquereaux et filles de bar. — Les assassinées. — Les
restaurants et cafés de nuit. — La moderne. — Fontaine. — Le
Gaulois. — L'Américain. — Le Garein. — L'Administration est
aveugle.

Le *Moulin à la Galette*, par son titre et sa situation
champêtre, évoque une idée de guinguette ; en effet, l'ex-
térieur a une apparence bourgeoise qui rappelle les
anciens *barreaux-verts* du Mesnil-Montant.

A l'intérieur, c'est une autre paire de manches.

Il est impossible de rien trouver de plus grouillant ;
les parfums qui embaument l'atmosphère ne sont pas
troublants, et les toilettes ne poussent pas à la peau.

On n'est pas rigoureux sur l'admission du public féminin : les proxénètes le savent bien ; la *remonte* y est certaine, et en fruits verts, quelquefois trop verts !

Un grand nombre de petites ouvrières vont là pour
s'amuser, sans penser à mal, mais la proxénète les guette,
comme le chat la souris, avec la même patience et les
mêmes ruses ; il est bien rare que la plupart ne finissent
pas par céder à la vieille canaille.

Les proxénètes ont une rude concurrente dans la personne de la bouquetière.

C'est toute une combinaison, qui nécessite une comptabilité comme dans une grande maison de commerce.

Quand la bouquetière remarque une jeune et jolie fille venir plusieurs dimanches de suite, sans être accompagnée d'un souteneur, elle l'aborde sous prétexte de lui offrir un bouquet de deux sous, puis, tout doucement, lui demande des renseignements sur sa position.

La réponse est toujours la même :

— Quand je travaille, je gagne cinquante sous par jour.

Alors, carrément, elle lui offre de gagner en une heure ou deux plus qu'elle ne gagne en une semaine.

Dix-neuf fois sur vingt la petite accepte sans se faire tirer l'oreille.

Voici la combinaison :

La bouquetière a une associée, une marchande à la toilette de la rue Lamartine ; cette dernière fournit la toilette et les meubles, l'autre la *camelotte*.

Elles louent, sous divers noms, dans différents quartiers de Paris, des chambres que la marchande à la toilette meuble sommairement ; le vestiaire est chez la bouquetière.

Quand la fille a accepté, le dimanche, avant d'aller au bal, elle passe chez la bouquetière, qui, suivant son genre de beauté et la somme qu'elle pourra rapporter, l'habille d'un costume plus ou moins riche, et lui donne la consigne que si elle fait un homme elle pourra le conduire rue Lepic, rue Bréda, rue Frochot, la rue n'y fait rien, et que la concierge lui remettra la clé.

A la fin de la journée ou de la soirée, on établit les comptes : on lui fait d'abord payer la location de la chambre, la location des habits, et le reste est partagé par moitié.

Cette exploitation est très fructueuse ; il y a des filles qui rapportent de vingt à trente francs par dimanche.

Il va sans dire que le travail terminé, on lui reprend les habits prêtés.

Aux *Folies-Bergère*, les femmes publiques font leur trafic sans se soucier qu'il existe une police des mœurs et des règlements de police.

Le spectacle n'est qu'un prétexte, il n'est pas sur la scène, il est dans la salle, dans les promenoirs.

Le promenoir du bas, autrement dit le *Marché aux Veaux*, est une foire permanente de putains. On va dans cet établissement chercher une fille comme on va rue Chabannais, avec cette différence, toutefois, que rien ne vous garantit le vol ou la maladie.

Ces *Isolées*-là habitent depuis la rue No're-Dame-de-Lorette jusqu'à la rue Maubeuge.

Les *Folies-Bergère* ne portent pas bonheur aux putains ; les filles Marie Aguétant, Fellerath, Hélène Stein, Jouin, Marie Regnauld (la Montille), Cayol, qui furent assassinées ces dernières années, étaient pensionnaires de ce *claque-dents*.

Il y en a à tous les prix ; elles vous demandent cinq louis et finissent par accepter dix francs.

Ça ne vaut pas mieux que l'*Isolée* des boulevards extérieurs à vingt sous ; la seule différence qu'il y ait, c'est que le veau est mieux paré, il est couvert de soie, comme les cochons de bouffettes de rubans, au concours agricole.

Le public homme est le même que partout ailleurs.

Il y a, aux *Folies-Bergère*, un genre de maquereau spécial : le souteneur en haut de forme et en gants jaune, il ne vaut pas mieux que ses congénères du ruissseau, car comme eux, il mesure la fontaine avec sa canne pour jauger la quantité de cuvettes d'eau usées !

Ils sont généralement les amants de cœur des femmes qui tiennent les bars ; quand le soir la femme *charge*, ils passent le lendemain matin sous ses fenêtres, elle lui fait un signal qui veut dire : le *miché* est *cavalé*, tu peux venir, et le misérable monte se vautrer dans le lit encore chaud et déguste, avant de s'en aller, une bonne tasse de chocolat, gagnée à la sueur de son... front !

On coudoie tous les jours, dans les grands cafés des boulevards, au *Madrid*, à *Splendide-Taverne* et ailleurs, des crapules de ce genre, vêtus de paletot beige, à qui d'honnêtes gens serrent la main, les prenant pour quelqu'un, grâce à la profession dont ils s'affublent.

La plupart sont de vieilles connaissances des tribunaux, mais pas plus pour eux que pour les putains, il n'existe de lois ni de règlements, ou du moins on les laisse sommeiller, comme si cette engeance n'était pas aussi nuisible à la Société que le phylloxera pour la vigne.

Viennent ensuite les *cafés et restaurants.* Ils sont connus, il n'y a rien à craindre de les nommer : la *Brasserie Fontaine*, la *Brasserie Moderne*, le *Gaulois*, le *Sylvain*, l'*Américain*, chez *Lapré*, le *Garcin*, le *Grand-Comptoir.* — Je ne cite que les plus achalandés.

Ces établissements restent ouverts toutes les nuits ; ils sont autorisés par la Préfecture de police, après avis du Commissaire, sous le prétexte des *Bals de l'Opéra* ; or, il

y a *six* bals par an et ils restent ouverts *trois cents
soixante-cinq jours.*

Ce n'est vraiment qu'un prétexte.

L'administration ne peut pas ignorer, et elle ne l'ignore
pas, que ces maisons sont le refuge des putains, des
maquereaux, des pédérastes, chassés des établissements
qui ferment à deux heures.

L'ouvrier qui travaille ne trouve pas un verre d'eau la
nuit, car à deux heures moins cinq, les agents font rigoureusement fermer les cafés et marchands de vin ; il sem-
blerait, et tout le prouve, que l'administration a à cœur
de favoriser la prostitution clandestine par tous les
moyens possibles.

Ces établissements de nuit ne répondent à aucun besoin,
alors pourquoi les favoriser?

Un café n'est pas comme une maison de tolérance,
c'est un lieu absolument public dans lequel tout le monde
peut entrer. Quel spectacle voit-on dans ceux que je
signale?

Un spectacle immonde.

Patrons et garçons favorisent la prostitution clandestine,
les garçons surtout qui y trouvent de larges bénéfices :
ils sont d'abord, pour la plupart, amants de cœur des
filles, on pourrait les appeler autrement.

Les filles qui fréquentent ces endroits ont des hauts et
des bas : un jour de l'or, le lendemain *fauchées*; c'est
alors que le garçon vient à leur aide.

Les garçons paient les consommations à la caisse au
moyen de jetons, la caisse laisse le garçon responsable.

Quand les filles sont dans la *purée*, elles s'asseyent à

9.

une table, dans le rang du garçon qui les « oblige » ;
elles prennent des bocks et soupent en attendant le *miché* ;
si ce dernier ne vient pas pour les dégager (elles attendent
patiemment jusqu'à la dernière heure), elles partent et le
garçon règle l'addition.

Elles reviennent le lendemain. Cette nuit-là, si la
chance leur est favorable, elles *allument* le *miché ;* au fur
et à mesure que les tournées de bocks ou de chartreuse
se succèdent, le garçon augmente la pile de soucoupe
jusqu'à ce que les comptes du jour précédent soient apu-
rés ; il en ajoute même quelques-uns pour l'intérêt.

Quand le client, à moitié gris, est pour payer, s'il a bu
pour *cent sous*, il en a pour *vingt francs*.

Ce système pratiqué audacieusement se nomme : le truc
de la soucoupe.

Les patrons ou les gérants le connaissent bien. Qu'est-
ce que cela leur fait : si le client récalcitrant réclame,
c'est une erreur, voilà tout ; le tour est à recommencer
sur un client plus facile, mais il est rare qu'il rate, car la
femme, complice du garçon, détourne son attention pendant qu'on lui rend la monnaie — quand on la lui rend !

Oh ! ce n'est pas tout. Il y a des clients sceptiques et
curieux qui ne se fient pas à la science de la couturière,
qui ne veulent pas acheter chat en poche, qui ne veulent
croyant *lever* une femme dodue, aux formes appétissan-
tes, ne trouver au *déballage* qu'une femme moulée dans
un canon de fusil, un *sac à os*, alors ils demandent à
tâter et à voir.

Elles ne sont pas récalcitrantes !

— Vas-y, mon vieux, mais mets-moi dix sous dans
mon bas.

Et, sans façon, elle exhibe la marchandise !

Cela ne choque pas les habitués : tous viennent pour cela, et quand ils sont en belle humeur, ils en font autant, d'aucuns même renseignent charitablement le méfiant, en lui disant cyniquement :

— Tu peux y aller de ton voyage, je me la suis payé hier ; il y a du monde partout.

N'est-ce pas cent fois plus abject que la prostitution du ruisseau ?

Si ces filles-là font tort aux *maisons de rendez-vous*, si ces dernières portent préjudice aux *maisons de tolérance*, il y a le côté homme qui fait concurrence et guerre acharnée au côté femme et au reste.

Croirait-on qu'il existe, à Paris, en moyenne **4,500** *pédérastes, rivettes, tantes, tapettes* et *jésus* exerçant publiquement la prostitution dans ces mêmes établissements et dans d'autres spéciaux.

Aux environs de la Bourse, il en existe même deux qui font la fenêtre.

Tout le monde se souvient du scandale de l'établissement de bains de la rue de la Pépinière, qui a eu son épilogue, en juin 1886, devant le Tribunal correctionnel ; six personnes furent condamnées à des peines diverses pour outrage public à la pudeur.

Cet établissement n'est pas le seul dans Paris.

Aux environs du boulevard Haussman, il existe une maison de bains tout à fait spéciale : les baignoires sont dans des cabinets spacieux et l'on y admet sans conteste baigneurs et baigneuses qui n'aiment pas la solitude : hommes et femmes, femmes et femmes, hommes et hommes.

Tous les goûts peuvent se satisfaire.

Le patron tire encore une seconde mouture du même sac.

Voici comment.

XV

Un patron roublard. — Brasseries de femmes. — Des ogresses fin-
de-siècle. — C'est mon béguin. — La baronne et sa suivante. —
Dialogue intéressant. — Elle me résistait, je l'ai griffée. — Le
coup de la couturière. — La brasserie du Divorce. — Les bergères
d'Arcadie. — Soyez aimables. — Le laveur de vaisselle. — La
brasserie du Sénat. — La brasserie du Moulin-Rose. — Vene
voir leurs talents et leurs charmes. — La recherche de la pierre
philosophale.

Les cabines où se trouvent les baigneurs sont séparées
par des cloisons en bois, l'intervalle de deux cabines en
forme une troisième meublée d'un canapé et d'une
immense glace; dans cette cabine, les cloisons sont per-
cées de trous imperceptibles et tendues de tapisseries
assez épaisses; elles sont louées à la semaine, au mois ou
à la journée, à un tas de vieux polissons qui s'offrent le
rôle de *voyeurs.*

Il est inutile, je crois, d'insister.

Revenons aux cafés.

Les femmes de ces établissements se prêtent à toutes
les fantaisies possibles et impossibles; elles ne sont pas
égoïstes, encore moins personnelles; elles se rendent des
services mutuels : si un *miché* ne veut pas de l'une d'elles,
la *refusée* s'empresse de lui adresser une camarade, et
réciproquement.

Il y a deux catégories de brasseries : les brasseries de femmes pour femmes et les brasseries de femmes pour les deux sexes.

On peut classer, dans la première catégorie, le *Rat Mort* et la *Souris*, haras des *Gougnottes*.

Ah ! là, on ne se gêne pas, et il n'est pas rare de voir deux femmes descendre du premier, où sont situés les cabinets, ayant chacune leur pantalon et leur corset sous le bras.

Ce ne sont pas celles-là qui aident à la repopulation de la France.

Ce sont de véritables ogresses !

La physiologie de ces odieuses femelles mérite un volume spécial que je ferai un jour, car elles sont à la Société ce que sont les chenilles au règne végétal : elles dévorent mais ne produisent pas.

Dans ces boîtes-là, le mâle n'a pas de succès, et la prostitution n'en est que plus ignoble ; elles mettent plus de ténacité à débaucher une jeune fille qui leur fait envie, pour laquelle elles ont un béguin, qu'un Peau-Rouge à l'affût dans les forêts vierges.

Dans une de ces brasseries, la belle baronne de S... est fort cotée. Un récent procès en police correctionnelle nous révéla des dessous bien curieux des mœurs particulières de ces dames.

La *suivante* de la baronne de S... comparaissait devant le tribunal sous l'inculpation d'avoir volé à sa maîtresse une méchante bague valant bien cinquante francs.

La suivante, nommée Michelle P..., soutint que cette bague lui avait été donnée par la baronne à-compte sur ses gages.

Voici un dialogue des plus instructifs qui eut lieu entre
la baronne et le juge d'instruction.

. . . .

La baronne. — J'étais depuis longtemps fatiguée de ma
suivante, c'était chaque jour des scènes interminables.

Le juge. — Pourquoi la gardiez-vous ? Il était bien simple de la renvoyer.

La baronne. — Je ne le pouvais pas.

Le juge. — Mais enfin, il y avait une raison. Ne pouviez-
vous pas lui payer ses gages ?

La baronne. — Je ne manquais pas d'argent, monsieur
le juge ; elle se jetait à mes genoux en disant qu'elle m'ai-
mait trop.

Le juge. — Je ne comprends pas, qu'entendez-vous par
là ?

La baronne. — Mon Dieu, c'est bien facile à comprendre.
Elle a voulu un jour me griffer parce que je refusais de
me laisser embrasser et de me laisser...

La baronne avait une autre raison pour ménager sa
suivante : elle lui était un compère très utile pour pratiquer le coup du créancier.

Mme de S..., fort jolie, fréquentait assidûment les tables
d'hôte des grands hôtels de Paris, où elle se faisait passer
pour la veuve d'un général autrichien. Quand elle avait
fait un *levage* sérieux, car elle prenait auparavant des
renseignements précis auprès des garçons de l'hôtel, elle
donnait rendez-vous au *miché* chez elle, rue d'Aumale.

Une fois dans la chambre à coucher, elle se déshabillait
pour passer un peignoir superbe ; le client se promettait,
à la vue de cette gorge splendide, le quatorzième ciel...
Au moment propice, la suivante frappait à la porte en

criant : « Madame, madame, la couturière est là, réclamant à grands cris le montant de sa note ! »

Le bonhomme payait.

Le truc ratait rarement.

La seconde catégorie de brasseries de femmes loin de
décroître, augmente chaque jour.

Les brasseries de femmes sont si bien des maisons de
prostitution clandestine avérées, qu'il y a une année
environ, comparaissaient, devant la 10e chambre du tribunal correctionnel de Paris, la patronne de la *Brasserie
du Divorce,* établie rue Saint-Séverin, sa caissière et sa
concierge.

Les témoins, au nombre de dix, étaient des filles qui
servaient dans la brasserie. L'aînée avait 17 ans !

Leurs dépositions sont une peinture exacte de ce qui
se passe dans ces bouges.

Les voici résumées :

Raccolées dans le quartier par la concierge, la femme
T... P..., elles étaient présentées, tantôt à la caissière,
tantôt à la patronne, et ces dernières les engageaient définitivement, en leur recommandant *de se déclarer majeures
en toutes circonstances.*

Elles avaient porté d'abord le *costume d'avocat*, mais ce
costume n'était pas assez *cochon* (sic); on leur donna
celui de *Bergère d'Arcadie*, qui se composait d'un corsage,
un soupçon ou mieux, un prétexte de corsage, d'une
courte jupe, relevée de côté jusqu'à la hanche, et d'un
pantalon... ouvert. — C'était plus commode (sic).

Elles devaient se *montrer aimables* aux clients. Si elles
semblaient un *peu froides,* la caissière leur criait : — *Vous
n'avez pas le sentiment du commerce !*

Elles avaient mission d'entraîner les clients, soit dans le *sous-sol*, soit dans le *petit salon*. Le sous-sol servait aux messieurs désireux de passer une demi-heure en tête à tête avec une *Bergère d'Arcadie*. Le petit salon était réservé aux commerçants calés du quartier, n'aimant pas à être vus.

Les prix *doublaient* dans le sous-sol, *triplaient* dans le petit salon.

Ils variaient aussi suivant la *tronche* du consommateur.

— Si celui-ci était *rupin* et paraissait *douillard*, dit un des témoins, ordinairement la caissière se le réservait pour elle ; quand il lui semblait un *miché à la mie de pain*, elle nous le laissait. Nous devions d'abord demander qu'il nous offrît une consommation. S'il acceptait, on nous servait comme *kirsch*, de l'*eau* ; comme *madère*, de la *chicorée délayée* ; nous devions ensuite lui *faire payer* l'eau et le *café*, *trois* ou *quatre fois* la valeur du *kirsch* ou du *madère* et enfin *majorer* de même la liqueur qu'il buvait.

Après les *bergères*, le *plongeur* de la brasserie, un garçon de 18 ans, déposa :

— Je lavais la vaisselle. Je faisais un peu de tout. Quand la patronne prenait un bain dans sa baignoire, je lui lavais la tête, je lui ponçais les pieds, puis je lui présentai un peignoir et... je me retirais.

Cela se comprend, la patronne était une vieille macaque laide à faire reculer le plus intrépide.

Le tribunal condamna la patronne et la caissière à six mois de prison chacune et la concierge à trois mois.

Une autre brasserie du même genre imagina de se baptiser : *Brasserie du Sénat*, et, pour attirer la clientèle, fit distribuer ce prospectus :

BRASSERIE DU SÉNAT

369, *rue de Vaugirard*, 369

La mode est aux costumes pour les *dames* de brasserie.

A notre avis, *le plus beau* des costumes est *le plus simple.*

C'est pourquoi, à partir d'aujourd'hui, nous habillons nos *dames* en *Baigneuses.*

Comme elles sont toutes jolies, ce vêtement (?) leur ira à ravir.

Venez les voir et vous en jugerez.

Elle vous *serviront* des consommations de premier choix.

Encore une autre qui s'intitulait : *Brasserie du Moulin-Rose*, sur son prospectus elle publiait une chanson, dont voici un couplet :

C'est un paradis plein d'ivresse !
Que ce bel Eden enchanteur,
Où la crème de la jeunesse,
Grise à la fois l'âme et le cœur...
Du moulin, les charmantes ailes,
Tournent, tournent, tournent toujours,
Et les meunières toutes belles,
Tournent la tête des amours...

Au bas du prospectus, il y avait cette mention dépouillée d'artifice :

ALLEZ VISITER LES SOUS-SOLS

Celles-ci n'y allaient pas par quatre chemins :

GRANDE ATTRACTION

Grande Brasserie de la Seine

27, quai Saint-Michel

Tout Paris, et surtout le Quartier Latin, voudra voir les

JOLIES DOCTORESSES

aussi remarquables par leurs TALENTS que par leurs CHARMES.

On se bat à la porte de

L'ANTRE DES SORCIERS

pour se faire dire l'avenir par la plus belle et la plus célèbre carto-mancienne de nos jours.

ATTENTION ! ! ! *Visitez les sous-sols où les sorcières recherchent la PIERRE PHILOSOPHALE.*

Le public, alléché par ces attrayants prospectus, entrait et se trouvait en présence de vulgaires salopes.

J'ai donc bien raison de dire que ces brasseries ne sont que de sales bordels que l'autorité devrait rigoureusement faire fermer.

CONCLUSION

CONCLUSION

Je crois avoir suffisamment démontré l'horrible plaie qu'est la prostitution clandestine, et combien l'administration est coupable par son indifférence à ne pas la réprimer.

De temps en temps elle se réveille et adresse à ses commissaires de police une petite circulaire pour leur rappeler qu'il existe des règlements, la police se met en branle, elle fait à tort et à travers quelques rafles, on emprisonne les délinquantes quelques jours, puis, c'est tout ; c'est à recommencer.

Il est juste de dire que la presse n'est guère encourageante pour les préfets de police qu'elle rend responsables des gaffes commises par leurs agents, et Dieu sait qu'ils n'en sont pas chiches.

Certainement il est fort difficile de discerner à première vue une fille publique d'une femme honnête, car les femmes honnêtes s'évertuent à ressembler à des filles, mais il ne manque pas de moyens pour remédier à cet état de chose et point n'est besoin d'être sorcier pour constater qu'une femme fait son état de la prostitution.

Ici une question se pose.

Dans ce qu'on est convenu d'appeler le quartier Bréda, mais qui, aujourd'hui, devrait s'appeler Tout-Paris, il y a un grand nombre de femmes en appartement, dans leurs meubles, quelques-unes ont un loyer élevé, une ou deux domestiques, elle n'ont aucune profession apparente, elles se disent toutes rentières, mais la réalité est, qu'elles vivent notoirement de la prostitution clandestine.

Or, dans l'état actuel, que peut la police contre elles.

Rien !

Pour celles-là il n'y a pas de loi.

En effet, elles ne racolent pas ostensiblement sur la voie publique, elles se promènent au bois, sur les boulevards, vont au café et ne parlent à personne.

Un homme rencontre l'une d'elles, il la trouve à son goût, il la suit, monte chez elle, sans avoir prononcé une parole en route.

Ce manége peut se répéter plusieurs fois par jour.

Cela constitue évidemment un état de prostitution, mais le moyen d'en faire la preuve?

Elle reçoit de l'argent, dira-t-on, cela suffit pour constituer le délit.

Mais il y a cent maniéres de donner de l'argent à une femme indirectement; on lui offre à déjeûner ou à dîner, on laisse la monnaie à la bonne, en partant on laisse un louis sur la cheminée, le lendemain on lui fait un cadeau, ou elle vous écrit pour vous faire un emprunt, on lui paye une partie de son loyer ou une note de couturiére ou de modiste.

C'est un droit absolu.

On a essayé d'atteindre les propriétaires ou les principaux locataires, mais comme on le verra à la Jurisprudence, l'arrêt cité de la Cour de cassation les met hors de cause disant que l'article 2 de l'ordonnance de 1778 porte atteinte au droit de propriété.

Dans les garnis qui sont encore soumis à cette loi, quand des agents les signalent comme des lieux habituels de prostitution, le commissaire de police, en vertu des pouvoirs qui lui sont délégués, peut de jour et de nuit, faire une descente, il arrête les femmes, mais il ne peut, même sur des dénonciations pénétrer, sans un mandat du parquet, dans un domicile particulier.

Ces filles exercent donc en toute sécurité.

Faire une loi contre elles serait porter une atteinte à la liberté individuelle et l'on donne pour raison qu'une femme a le droit d'avoir autant d'amants qu'un homme a celui d'avoir de maîtresses.

C'est fort juste, car il existe des femmes mariées qui ont trois ou quatre amants.

Aussi n'est-ce pas dans le fait d'avoir des amants que réside le délit de la prostitution, mais dans celui d'en vivre.

Or, pour l'établir il faut prouver qu'une femme en vit.

Rien n'est plus simple.

Pour les filles du trottoir, les réglements existent, on les applique ou on ne les applique pas, c'est affaire à l'administration ; mais elle est armée suffisamment.

Quant aux filles en appartement, qui ont pour champ de bataille les établissements publics, où donc serait l'atteinte à la liberté individuelle si on les arrêtait pour connaître leurs moyens d'existence ?

Oui, mais on pourrait commettre des erreurs et arrêter des femmes honnêtes.

Si ces arrestations étaient faites par des agents intelligents cela ne serait pas à craindre, car les femmes honnêtes ne sont pas habituées des établissements publics, et si quelques-unes s'y aventurent parfois par curiosité, elles sont accompagnées.

A ce propos je me souviens que le 24 juin 1887 (voir *Paris-Impur*) une rafle eut lieu boulevard de Strasbourg.

La presse, au lieu d'encourager l'autorité à nettoyer la voie publique, jeta les hauts cris : « on avait dans le tas, arrêté *une brave mère de famille* qui, après avoir été rouée de coups par les agents, avait dû être transportée à l'hôpital. »

Cela aurait pu être vrai, à part les coups, car on ne fait pas d'omelette sans casser d'œufs.

Voilà ce qu'était cette « brave mère de famille » :

Elle était sortie le 22 juin de l'hôpital Saint-Louis et arrêtée le soir même racolant dans le quartier Saint-Denis.

Elle était *inscrite à la police* sous le nom de *Legault* (Juliette), âgée de 27 ans, née à Nantes, elle était *inscrite depuis 1880* !

Elle demeurait passage de Boulogne, escalier I, au deuxième étage, elle avait, précédemment été arrêtée *douze fois* sous les noms de Berthe Legault, Alexandre Robert, Louise Desormeau, etc., etc.

En 1883, par arrêté préfectoral, le département de la Seine lui avait été interdit.

Et Madame Eyben qui faillit faire sauter M. Andrieux ?

Quand elle fut arrêtée, elle attendait depuis huit jours, dans le passage des Panoramas, le tramway de la Bastille à Montparnasse !

Je pourrais citer cinquante exemples de ce genre.

Voici ce que dit le docteur Mougeot, un des membres les plus distingués du Congrès, qui réunit à Paris, en 1867, les plus éminents médecins et chirurgiens de France, sur la fameuse théorie de la liberté individuelle :

— « C'est en vain qu'on nous opposerait le « respect sacré de la liberté individuelle et de « la vie privée... Qu'est-ce qu'une liberté indivi- « duelle qui menace et détruit la liberté indivi- « duelle de plusieurs ?

« Qu'est-ce, qu'une vie privée où il y a une
« immixtion incessante d'étrangers, et qui va
« colporter ici et là, à domicile et partout, une
« contamination qui peut être terrible en ses
» effets ?

« On expropriera pour cause d'utilité publi-
« que les plus belles années de la vie d'un
« homme, et l'on hésiterait à exproprier, pour
« cause de salubrité publique, quelques heures,
« quelques jours, quelques mois, s'il le faut,
« de la liberté d'une fille de mœurs suspectes
« ou misérables !

« On sacrifiera des hommes considérables
« et les dévouements les meilleurs pour conju-
« rer des fléaux transmissibles comme le cho-
« léra, la fièvre jaune, la peste bovine, on im-
« posera d'onéreuses quarantaines à d'honnêtes
« gens sur le simple soupçon d'être porteurs
« d'un air empesté... Et, pour le fléau, bien
« autrement redoutable, la syphilis, qui ne
« punit pas seulement le coupable, mais par
« celui-ci l'innocent, et qui pis est tout une
« descendance, on s'arrêtera devant *la liberté*
« *individuelle et la vie privée d'une débauchée ou*
« *d'une prostituée !*

« Cela ne peut pas être !

10.

« La concurrence vitale est la loi de tout
« ce qui a vie dans la nature. Rien n'y échappe,
« pas plus les nations que les individus.

« La nation qui, par une coupable insou-
« ciance vis-à-vis d'une corruption physique
« et morale, aura laissé amoindrir le nombre
« de ses enfants et la force corporelle de cha-
« cun d'eux, deviendra nécessairement la proie
« des nations qui se seront maintenues plus
« nombreuses et plus fortes.

« Le secret de l'avenir est là comme l'expli-
« cation du passé.

« *Donc, au nom des intérêts les plus élevés, nous*
« *tenons pour les plus grandes rigueurs dans les*
« *mesures administratives, non-seulement pour les*
« *femmes publiques et soumises, mais* VIS-A-VIS DE
« TOUT CE QUI TOUCHE PLUS OU MOINS A LA
« PROSTITUTION CLANDESTINE.

« *Toute cette catégorie appartient, selon nous, aux*
« *établissements insalubres et doit en subir la règle-*
« *mentation.*

« *Ici, nulle exception, dussent ces rigueurs s'éten-*
« *dre jusqu'à ces hétaïres qui, loin de faire de la*
« *prostitution clandestine, affichent, par tous les*
« *moyens possibles, ce qu'elles sont et vont jusqu'à*
« *mettre à l'encan dans les clubs la clé de leur*
« *alcôve.* »

Je pourrais citer d'autres opinions de grande valeur qui sont d'accord sur la question de la liberté individuelle, laquelle n'est qu'un mot, dans toutes les villes de France où la prostitution s'étale sous les yeux de l'administration.

C'est une loi qu'il faudrait pour la répression et non des règlements caducs qui ne sont plus en rapport avec la société moderne.

Cette loi serait pourtant facile à faire, ce serait une loi de préservation sociale à laquelle tout le monde applaudirait, car elle diminuerait dans une notable proportion la dépopulation de la France.

Il ne s'ensuit pas de là qu'il faille faire un tombeau de toutes les grandes villes : Paris, Lyon, Marseille, Bordeaux, etc., etc., cela est certain.

Cette loi aurait encore une autre utilité, elle enlèverait à la police le droit d'arbitraire qui est plus dangereux.

Si j'ai été parfois un peu loin dans ma démonstration, cela était nécessaire pour que mes lecteurs puissent juger de l'étendue du mal et de la différence qui existe entre *les maisons de tolérance* et tous les lieux où la prostitution s'exerce audacieusement en France comme à Paris, et combien les tenanciers sont honorables d'exercer une profession que les imbéciles réprouvent mais que deux cent mille personnes pratiquent en France, sans présenter les garanties de moralité que l'administration exige de ceux qu'elle autorise à tenir maison.

APPENDICE

JURISPRUDENCE

La première loi sur la réglementation de la prostitution date de l'an 800 par un capitulaire de Charlemagne.

Sabatier, dans son *Histoire de la législation des femmes publiques*, dit ceci : L'histoire de la législation sur la débauche publique présente cette succession alternative d'indulgence et de sévérité, de tolérance et de proscription, effet inévitable de la nécessité, tantôt sentie, tantôt méconnue, de laisser subsister un abus dont les excès firent franchir au législateur les bornes d'une sage modération; dans d'autres circonstances, il fit plus que de tolérer, il lui donna des règles et même lui accorda sa protection;

11

ce dernier système fut longtemps suivi en Europe.

Guillaume Durand dit que vers la fin du douzième siècle il existait, à Venise, un *lieu public* établi par arrêt du Sénat.

Nicol Diglioni dit qu'à Rome, il y avait un *lieu public* auprès du Palais du Pape, dont le Maréchal de la Cour tirait un revenu sérieux.

John Stow, dans son *Histoire de la ville de Londres*, fait connaître les règlements (1430) au sujet des *lieux publics* situés dans les faubourgs de Southwark. Henri VI confirma les privilèges que ses prédécesseurs avaient accordés à ces maisons qui appartenaient au Lord Maire de Londres. Ces maisons, pour se distinguer des autres, avaient des figures peintes sur les murs.

Voltaire rapporte qu'il y avait sous la protection de l'évêque, comme prince de Genève, des *lieux publics* dans cette ville, et que les filles payaient une taxe au prélat.

Le magistrat élisait la reine du Bordel afin que toutes choses se passassent en règle et avec décence.

Saint Louis, en 1254, rendit une ordonnance qui défendait de louer à des filles publiques,

sous peine de confiscation des maisons. Cette
ordonnance fut rapportée la même année par
une autre qui défendait aux baillis, prévots,
maires, et à tous officiers du roy, de fréquenter
les *lieux publics.*

Un arrêt du Parlement de Paris, rendu en
1272, défendait la circulation des filles publiques.

I

Diverses ordonnances 1254, 1272. — Ordonnance de la reine Jeanne, 1347.

En 1347, la Reine Jeanne Iʳᵉ, reine des deux
Siciles et comtesse de Provence, fit afficher le
règlement suivant dans le *lieu public* de la ville
d'Avignon, ce fut certainement le premier.

1° L'an 1317 et le huitième du mois d'août,
notre bonne Reine Jeanne a permis un lieu particulier de débauche dans Avignon et elle défend
à toutes les femmes débauchées de se tenir
dans la ville, *ordonnant qu'elles soient renfermées
dans le lieu à ce destiné,* et que pour être connues

elles portent une aiguillette rouge sur l'épaule gauche.

II. — *Item*, si quelque fille, qui a déjà fait faute, veut continuer sa mauvaise vie, le porte-clefs ou capitaine des sergents l'ayant prise par le bras, la mènera par la ville au son du tambour, avec l'aiguillette rouge sur l'épaule, et l'établira à domicile dans le lieu public de débauche en lui défendant de sortir dans la ville, à peine du fouet pour la première fois, et du fouet et au bannissement en cas de récidive.

III. — Notre bonne Reine ordonne que la maison de débauche soit établi dans la *rue du Pont Troué*, près le couvent des frères Augustins, jusqu'à la porte Saint-Pierre, et que du même côté il y ait une porte d'entrée qui fermera à clef pour empêcher qu'aucun homme aille voir les femmes sans la permission de *l'abbesse* ou *Baillive,* qui, tous les ans, sera élue par les consuls. La *Baillive* gardera la clef et avertira les jeunes gens de ne causer aucun trouble, et de ne faire aucuns mauvais traitements aux filles de la maison, autrement et à la moindre plainte, ils n'en sortiront que pour être conduits en prison par les sergents.

IV. — La Reine veut que tous les samedis la

Baillive et un chirurgien préposé par les Consuls, visitent toutes les femmes et filles du lieu
de débauche, et s'il s'en trouve quelqu'une qui
ait contracté mal provenant de paillardise,
qu'elle soit séparée des autres, pour qu'elle ne
puisse point s'abandonner et donner du mal à
la jeunesse.

V. — *Item*, si quelqu'une des filles devient
grosse, la *Baillive* prendra garde qu'il n'arrive
aucun mal à l'enfant, et elle avertira les consuls qui pourvoiront aux besoins de cet enfant.

VI. — *Item*, la *Baillive* ne permettra absolument à aucun homme d'entrer dans la maison
le Vendredi-Saint, ni le Samedi-Saint, ni le
bienheureux jour de Pâques, à peine d'être
cassée et d'avoir le fouet.

VII. — La Reine défend aux filles de joie
d'avoir aucune dispute, ni jalousie entre elles,
de se rien dérober, non plus que de se battre ;
elle veut, au contraire, qu'elles vivent ensemble comme sœurs, qu'en cas de querelle la
Baillive les accorde et qu'elles s'en tiennent à
ce qu'elle aura décidé.

VIII. — Que si quelqu'une a dérobé, la *Baillive* fasse rendre à l'amiable l'objet du larcin,
et si la voleuse se refuse à la restituer, qu'elle
soit fouettée dans une chambre par un sergent ;

si elle retombe dans cette faute, qu'elle soit fouettée par le bourreau de la ville.

IX. — *Item, que la Baillive ne permette à aucuns juifs d'entrer dans la maison*, et s'il arrive que quelqu'un d'eux, s'y étant introduit en secret et par finesse, ait eu affaire à quelques-unes des filles, qu'il soit mis en prison pour avoir ensuite le fouet par tous les carrefours de la ville.

II

5 juillet 1368, 17 mars 1374.

Par lettres patentes du 5 juillet 1368, Charles V remit en vigueur l'ordonnance de Saint Louis de 1254.

Une ordonnance du Prévot de Paris, du 17 mars 1374, prescrivait que les *lieux publics* fermeraient à six heures du soir, sous peine de vingt sous parisis d'amende à chaque contravention.

III

Lettre du Roy Charles VI, 1389.

Catel, dans ses *Mémoires de l'histoire du Languedoc*, dit que la ville de Toulouse avait un *lieu public* depuis un temps immémorial, qu'il était sous la protection des Capitouls qui faisaient bâtir des maisons pour loger les femmes de mauvaise vie, et qu'ils en tiraient un revenu destiné aux réparations de la ville et à l'entretien des hôpitaux.

Les Capitouls étaient impitoyables pour les filles libres qui faisaient une grande concurrence au *lieu public*. En 1389, elles écrivirent à Charles VI pour le supplier d'arrêter ces rigueurs.

Voici la réponse du Roy :

Charles... savoir faisons à tous presens et à venir que oye la supplication que faites nous a été de la part des filles de joye du Bordel de nostre grande ville de Thoulouse, dit la *Grande abbaye*, contenant que pour cause de plusieurs ordonnances et défenses à elles faites par les Capitouls et autres officiers de nostre bonne ville, sur leurs robes et autres vestures, elles

ont souffert et soutenu plusieurs injures, vitu-
peres et dommages, souffrent et soustiennent
de jour en jour, et ne se peuvent pour se vestir
ni asseynier à leur plaisir pour cause de certains chaperons et cordons blancs, à quoi elles
ont été estreintes porter par icelles ordonnances, sans nostre grâce et licence, requérant que
nous leur veuillons à nostre joyeux advénement que faict avons présentement en nostre
dicte ville, leur faire grâce, et les mettre hors
d'icelle servitude ; pourquoi nous attendre les
choses dessus dictes, désirant à chacun faire
grâce et tenir en franchise et liberté les habitants conversans et demeurant en nostre
royaume, avons à nostre dict advénement en
nostre dicte ville, ordonné et ordonnons, et
par ces présentes de grâce spéciale et de nostre autorité royale, avons octroyé et octroyons
auxdites suppliantes que, dorénavant, elles et
leurs successeurs en ladicte abbaye portent et
puissent porter et vestir telles robes et chaperons, et de telles couleurs, comme elles vou-
dront vestir et porter, parmi ce qu'elles seront
tenues de porter, autour d'un de leurs bras,
une enseigne ou différence d'une jarretière ou
lisière de drap, d'autre couleur que la robe
qu'elles auront vestue ou vestiront.

IV

Ordonnances de 1395, 1415, 1426, pour fixer l'heure de la fermeture.

Une ordonnance de police du Prévot de Paris, en 1360, réglait le costume des filles.

Le 30 juin 1395, une ordonnance de police fixe l'heure de la retraite au son du couvre-feu, c'est-à-dire à six heures en hiver, et à sept heures en été ; les contraventions, cette fois, étaient punies par la prison et l'amende arbitraire.

Trois autres ordonnances, 8 janvier 1415, 6 mars 1419 et 26 juin 1420, portaient sur le même objet que l'ordonnance de 1360.

Un arrêt du Parlement, du 17 août 1426, lui donna force de loi.

Un arrêt du Parlement, du 21 janvier donna gain de cause aux filles que le curé de Saint-Merry voulait déloger de la rue Brisemiche.

V

Arrêt du Parlement de Paris du 6 mars 1496.

Aujourd'hui 6 mars, pour ce que en ceste

11.

ville de Paris, il y avoit plusieurs malades de certaine maladie contagieuse, nommée la *grosse vérole*, qui puis deux ençà a eu grant cours en ce royaume, tant de ceste ville de Paris que d'autres lieux, à l'occasion de quoi estoit à craindre que sur ce printemps elle multipliat, a été advisé qu'il étoit expédient y pourveoir.

Pourquoi ont été mandés les officiers du roi en Chastelet, lesquels venus en la Cour ont remonstré qu'ils avoient été en la maison de l'évesque de Paris, pour y mettre provision; mais n'y estoit encore advisé parmi le tout, pour les difficultés qui se trouvoient.

Si leur a ordonné la Cour y pourveoir, et pour assister avec ledit évesque a été commis, M. Martin de Bellefaye et moi greffier (Pierre de Cerisoy) en la compagnie.

Et après ce que en la maison dudit évesque avons communiqué ensemble, on a été enjoint en faire l'ordonnance, ce qui est fait selon les articles ci-après enregistrés, laquelle ordonnance pour moi portée en Chastelet, et délivrée au Prevost de Paris, a été mise à exécution, et jusques ici bien gardée.

Pour pourveoir aux inconvénients qui adviennent chacun jour par la fréquentation et communication des malades qui sont de présent en

grant nombre en ceste ville de Paris, de cer-
ta·ne maladie contagieuse, nommée la *grosse
vérole*, ont été advisés, concluds et délibérés,
par révérent père en Dieu monsieur l'évesque
de Paris, les officiers du roi, Prevost des marchands et Eschevins de Paris, et le conseil et
avis de plusieurs grants et notables personnages de tous estats, les points et articles qui en
suivent :

1o Premièrement, sera fait en public, de par
le roi, que tous malades de cette maladie de
grosse vérole estrangière, tant hommes que
femmes, qui n'estoient demeurans et résidens
en ceste ville de Paris, alors que ladite maladie
les a prins vingt et quatre heures après ledit
cry fait, s'envoisent et partent hors de ceste dite
ville de Paris, és pays et lieux dont ils sont
natifs, ou là où ils faisoient leur résidence,
quant ceste maladie les a prins, ou ailleurs où
bon leur semblera, sous peine de la hart. Et à
ce que plus facilement ils puissent partir, se
retirent és portes Saint-Denis et Saint-Jacques,
où ils trouveront gens députés, lesquels leur
délivreront à chacun 4 sols parisis, en prenant
leur nom par escript, et leur faisant défense sur
la peine que dessus, de non rentrer en ceste
ville, jusques à ce qu'ils soient entièrement
guéris de cette maladie.

II. — *Item*, que tous les malades de ceste maladie estans de cette ville, ou qui estoient résidens et demeurans en cette ville, alors que ladite maladie leur a prins, tant hommes que femmes, qui avons puissance de eulx retirer en maisons, se retirent dans lesdites vingt et quatre heures sans plus aller par la ville, de jour ou de nuit, sur ladite peine de la hart. Et lesquels ainsi retirés en leurs dites maisons, s'ils sont pôvres et indigents, pourront se recommander aux curés et marregliers des paroisses dont ils seroient, pour estre recommandés, et sans ce qu'ils partent de leurs dites maisons, leur sera pourveu de vivres convenables.

III. — *Item*, tous autres pôvres malades de ceste dite ville, hommes qui avons prins icelle maladie, eulx résidens, demeurans ou servans en ceste ville, que ne avons puissance de eulx retirer en maison dedans les vingt-quatre heures après le cry fait, sur ladite peine de la hart, se retirent à Saint-Germain-des-Prés, pour estre et demeurer ès maisons et lieux qui leur seront baillés et délivrés par les gens et députés à le faire, auxquels lieux durant ladite maladie, leur sera pourveu de vivres et autres choses nécessaires, et auxquels l'on défend sur ladite peine de la hart de non rentrer en ceste dite ville de Paris, jusques à ce que ils soient entièrement garis de ladite maladie.

IV. — *Item*, que nul soit si hardi de prendre lesdits 4 sols parisis, s'il n'est estrangier, comme dit est, et qu'il vouloist partir de ceste dite ville sans plus entrer jusques à ce qu'il soit entièrement gari.

V. — *Item*, et quant aux femmes malades, leur sera pourveu des autres maisons et demeurances, esquelles elles seront fournies de vivres et autres choses à eulx nécessaires.

VI. — *Item*, a esté ordonné, pour satisfaire audit cry lesdits malades qui estoient de ceste ville, qui estoient demeurans en ceste ville à l'heure qu'ils ont esté prins de ceste dite maladie, seront mis en la maison que ja a esté louée pour ceste cause à Saint-Germain-des-Prés et où elles ne pourront fournir, seront prins granges et autres lieux estant près d'icelles, afin que plus facilement ils puissent estre pansés, et en ce cas seront ceulx à qui seront lesdites granges et maisons, rémunérés et satisfaits de leurs louaiges par ceulx qui sont commis députés, à recevoir l'argent encellé et levé en ceste ville de Paris pour lesdits malades, par l'ordonnance desdits évesques et officiers du roi et Prévosts des marchands, et à ce souffrir seront contraints réaument et de fait.

VII. — *Item*, après ledit cry fait, sera pourveu par ceulx que tout commis à recevoir ledit argent, à ce qu'ils mettent deux hommes, c'est à savoir ung à la porte Saint-Jacques et l'autre à la porte Saint-Denis pour, en la présence de ceulx qui seront commis par les officiers du roi, Prévost des marchands, payer lesdits 4 sols parisis et prendre les noms par escript de ceulx qui les recevront et leur faisans les défenses dessus dites.

VIII. — *Item*, sera ordonné par le Prévost de Paris aux examinateurs et sergens, que ès quartiers dont ils ont la charge, ils ne souffrent et permettent aucun d'iceulx malades, aller converser ou communiquer parmi la ville ; et où ils en trouveront aucuns, ils les mettent hors d'icelle ville, ou les envoient ou manent en prison pour estre pugnis corporellement selon ladite ordonnance.

IX. — *Item*, après ledit cry mis à exécution, soient cordonnés gens par lesdits Prévost et échevins, lesquels se tiendront aux portes de ceste ville de Paris, pour garder et défendre qu'aucuns malades de cette maladie ne en tient apertement ou secrètement en ceste dite ville de Paris.

X. — *Item*, soit pourveu par ceulx que sont députés à recevoir l'argent donné et aumosne

auxdits malades, à ce que à cieulx retirés desdites maisons soit pourveu de vivres et autres
choses nécessaires soingneusement et en dili-
gence, car autrement ils ne pourroient obéir
auxdites ordonnances.

VI

**Ordonnance de police concernant les malades de la
grosse vérole et le nettoyement. — 25 juin 1498.**

Combien que par cy-devant ait été publié et
ordonné à son de trompe et cry public par les
carrefours de Paris, à ce qu'aucun ne puisse
prétendre cause d'ignorance, que tous malades
de la grosse vérole vuidassent incontinent hors
la ville et s'en allassent, les étrangers ès lieux
dont ils sont natifs, et les autres vuidassent
sous peine de la hart; néanmoins lesdits malades en contemnant lesdits crys sont retournés
de toutes parts et conversent parmi la ville avec
les personnes saines, qui est chose dangereuse
pour le peuple et la seigneurie qui à présent
est à Paris, l'on défend de rechef de par le roy
et monsieur le Prévost de Paris à tous les
malades de ladite maladie, tant hommes que

femmes, que incontinent après ce présent cry ils guident et se départent de ladite ville et forsbourgs de Paris, et s'envoient, sçavoir les forains, faire leur résidence ès pays et lieux dont ils sont natifs, et les autres, hors ladite ville et forsbourgs, sur peine d'estre jectez en la rivière, s'ils y sont prins ce jourd'hui passé. Enjoint l'on a tous commissaires, carteniers et sergents, prendre ou faire prendre ceux qui y seront trouvés, pour en faire exécution.

Item, l'on commande et enjoint... sur le nettoyement.

VII

Suppression des lieux publics par ordonnance des Etats d'Orléans — 1560.

En 1560, les Etats d'Orléans arrêtèrent que *tous les lieux publics* seraient fermés, l'article 101 de cet arrêt défend *tous Bordeaux* et ordonnait aux juges de punir extraordinairement les contrevenants, sans dissimulation ou connivence à peine de privations de leurs offices. Une maison de la rue du *Heuleu*, à Paris, résista à tous les officiers de police pendant cinq ans, le

tenancier fit un procès à la ville pour être main-
tenu, le procès fut jugé au Chatelet, il fut condamné il en appela, enfin, le 12 février 1565,
le roy fut obligé, par lettres-patentes de faire
exécuter la sentence *manu militari.*

VIII

**Règlement que le roy veut être exécuté pour la
punition des femmes d'une débauche publique et
scandaleuse qui se pourront trouver dans la
bonne ville de Paris et pour leur traitement dans
la maison de la Salpétrière de l'hôpital général
où elles seront renfermées. — 20 août 1684.**

Les femmes d'une débauche et prostitution
publique et scandaleuse ou qui en prostituent
d'autres, seront enfermées dans un lieu particulier destiné pour cet effet dans la maison de
la Salpétrière, lorsqu'elles y seront conduites
par l'ordre de Sa Majesté, et en vertu des juge-
mens qui seront rendus pour cet effet au Chatelet par le lieutenant de police, à l'encontre
desdites femmes, sur les procès qui leur seront
instruits, pour y demeurer durant le temps qui
sera ordonné, Sa Majesté voulant que les sen-
tences dudit lieutenant de police en ce fait par-

ticulier, et dont Sa Majesté lui a attribué en
tant que besoin est, toute juridiction et connaissances soient exécutées comme de juge en dernier ressort.

Si, en jugeant un procès criminel, les juges
à qui la connaissance dudit procès appartiendra trouvent à propos de condamner à la même
peine des femmes convaincues du susdit crime
de débauche publique qui se trouvent comprises dans lesdits procès, elles pourront être
aussi enfermées dans le même lieu, en vertu
des arrêts ou jugements qui interviendraient
pour cet effet.

Lesdites femmes entendront la messe les
dimanches et les fêtes, et seront traitées des
maladies qui leur pourront survenir, sans sortir du lieu où elles seront renfermées qu'en
cas d'une nécessité indispensable. Elles prie-
ront Dieu toutes ensemble, un quart d'heure le
matin, autant le soir, et durant la journée on
leur fera lecture du catéchisme et de quelques
livres de piété, pendant le travail auquel on
jugera à propos de les employer.

Elles seront habillées de tiretaine, avec des
sabots; elles auront un pain, du potage et de
l'eau pour nourriture, et une paillasse, des
draps et une couverture pour se coucher.

On les fera travailler le plus longtemps et

aux ouvrages les plus pénibles que leurs forces le pourront permettre, en la manière en laquelle les directeurs qui en auront le soin particulier le trouveront à propos.

Lesdits directeurs pourront, après quelque temps, permettre à celles desdites femmes qui paraîtront avoir regret de leurs désordres, de travailler à des ouvrages moins rudes, et d'acheter du gain qu'elles y pourront faire, jusqu'à demi-livre de viande chaque jour que l'on en peut manger, ou des fruits et autres raffraîchissements, ainsi que lesdits directeurs le jugeront à propos.

On punira les jurements, la paresse au travail, les emportements et les autres fautes que lesdites femmes pourront commettre, par le retranchement du potage, en les mettant au carcan dans les malaises durant certain temps de la journée, ou par les autres voies semblables et usitées dans ledit hôpital, que les directeurs estimeront nécessaires.

IX

**Ordonnance royale de Louis XIV, déclaration
du 26 juillet 1713.**

Le soin de réprimer la licence et corruption
des mœurs *qui semblent faire tous les jours de nouveaux progrès*, étant un des principaux objets de
la vigilance des officiers de police de notre
bonne ville de Paris, il n'est pas moins nécessaire de régler la forme des procédures qu'ils
doivent faire pour assurer la preuve des dérè-
glements qu'ils doivent punir et prévenir, par
là, les inconvénients des plaintes téméraires de
déclarations inspirées par la haine des particuliers, plutôt que par l'amour du bien public ; et,
comme jusqu'à présent, il n'y a point eu de
loi précise qui ait établi un ordre précisément
certain dans cette partie importante de la police,
nous avons cru devoir y donner une forme aussi
simple que régulière, qui puisse faire, en même
temps, la conviction des coupables, la sûreté
des innocents et la décharge des officiers que
leur ministère oblige à veiller à la recherche et
à la poursuite de cette espèce de crime.

A ces causes de notre certaine science, pleine
puissance et autorité royale, nous avons dit et

déclaré, disons et déclarons par ces présentes, signées de notre main, voulons et il nous plait que, dans le cas de débauche publique et vie scandaleuse de filles ou de femmes, où il n'écherra de prononcer que des condamnations d'amendes ou d'aumônes, ou des injonctions de vider les lieux, ou même la ville, et d'ordonner que les meubles desdites filles ou femmes seront jetés sur le carreau, confisqués au profit des pauvres de l'Hôpital-général, les commissaires du Châtelet, puissent chacun dans son quartier recevoir les déclarations qui leur en seront faites, et signées par les voisins auxquels ils feront prêter serment avant que de recevoir lesdites déclarations, dont ils seront tenus de faire mention, à peine de nullité, dans le procès-verbal qui sera par eux dressé.

Le rapport des faits contenus dans ledit procès-verbal sera fait par lesdits commissaires au lieutenant-général de police, les jours ordinaires des audiences de police, auxquelles les parties intéressées seront assignées en la manière accoutumée, pour y être pourvu contradictoirement, ou par défaut, ainsi qu'il appartiendra sur les conclusions de celui de nos avocats au Châtelet qui sera présent à l'audience, et entre les mains duquel lesdites déclarations seront remises pour faire connaître au lieutenant-général de police les noms et qualités des voisins qui les auront faites.

En cas que lesdites parties dénient les faits contenus dites aux déclarations, le lieutenant-général de police pourra, s'il le juge à propos, pour la suspicion des voisins, ou pour autres considérations, ordonner qu'il sera informé desdits faits au Châtelet pour y être statué ensuite définitivement, ou autrement, par ledit lieutenant-général de police, sur le récit des informations qui sera fait à l'audience par l'un de nos avocats ; ou, en cas qu'il juge à propos d'en délibérer sur le registre, sur les conclusions, par écrit, de notre procureur audit siège, le tout à la charge de l'appel en notre Cour du Parlement.

Voulons que sur ledit appel, soit que l'affaire ait été jugée sur le récit ou sur le vu des informations, les parties procédant en la grande Chambre de ladite Cour, encore qu'il y a eu un décret sur lesdites informations et la suite de la procédure ait obligé ledit lieutenant-général de police que lesdites femmes et filles seront renfermées pour un temps dans la maison de force de l'Hôpital-général et, en cas de maquerellage, prostitution publique et autres, où il

écherra peine afflictive ou infamante, ledit lieutenant-général de police sera tenu d'instruire le
procès aux accusés ou accusées, par recolle-
ment et confrontation, suivant nos ordonnances et les arrêts et règlements de notre Cour,
auquel cas l'appel sera porté en la Chambre de
la tournelle, à quelque genre de peine que les
accusés aient été condamnés, le tout sans préjudice de la juridiction du lieutenant-criminel
du Châtelet, qu'il pourra exercer, en cas de
maquerellage, concurremment, avec le lieutenant-général de police, auquel néanmoins la
préférence appartiendra, lorsqu'il aura informé
et décrété avant le lieutenant-criminel ou le
même jour.

Si donnons commandement, etc., etc,

X

Ordonnance royale du 1er mars 1768.

...... Art. 17. — Toute femme ou fille
débauchée qui sera surprise avec des soldats,
cavaliers ou dragons, sera arrêtée par le premier officier qui en sera instruit, lequel en infor-
mera aussitôt le commandant.

Art. 18. — Si ces femmes ou filles sont domiciliées dans la place, le commandant, sans leur infliger aucune peine, les fera remettre au juge royal du lieu, pour être punies suivant les réglements de police.

Art. 19. — Si elles sont étrangères et sans aveu, le commandant de place les fera mettre en prison pendant trois mois, au pain et à l'eau, pour être ensuite renfermées dans la maison de force la plus voisine, sur les ordres des Intendants des provinces que Sa Majesté autorise à ordonner leur liberté, lorsque après avoir été détenues le temps suffisant, il y aura lieu de croire qu'elles sont corrigées. Enjoignant Sa Majesté aux Intendants de donner des ordres pour les faire guérir des maladies dont elles pourraient être attaquées, avant de les faire conduire dans les maisons de force. Toutes les dépenses que ces filles occasionneront, seront payées par l'extraordinaire des guerres sur les ordonnances des Intendants des provinces.

Si ces femmes ou filles, après avoir été mises en liberté, sont reprises de nouveau, elles seront alors renfermées de même, pour être détenues un temps plus considérable que la première fois, et employées aux plus vils et laborieux emplois.

Art. 20. — Dans aucun cas, les femmes ou les filles débauchées ne seront passées par les verges, ni exposées sur le cheval de bois...

XI

Ordonnance de police du 6 novembre 1778.

Cette ordonnance, encore en vigueur, défend à toutes femmes et filles de débauche de raccrocher dans les rues, sur les quais, places et promenades publiques, et sur les boulevards, même par les fenêtres, à peine d'être rasées et enfermées à l'hôpital et de punition corporelle en cas de récidive ; enjoigner à toutes personnes tenant hôtels, maisons et chambres garnies, d'écrire jour par jour, sur des registres cotés et paraphés par les commissaires de quartier, les personnes qu'ils logeraient, de mettre les hommes et les femmes dans des chambres séparées, et de ne souffrir dans des chambres particulières des hommes et des femmes prétendues mariées, qu'autant qu'ils représenteraient des actes en forme de leur mariage, ou des certificats délivrés par gens

notables et dignes de foi, le tout à peine de
deux cent livres d'amende.

En province, certains commissaires de police
sont très rigoureux sur l'inscription des « cou-
chers » ; un voyageur étranger à la ville peut
facilement donner un faux nom, la loi est satis-
faite, le tenancier est à l'abri ; mais, par hasard,
qu'un fonctionnaire de la ville, qui ne peut dire
son identité, aille « coucher », si le tenancier ne
l'inscrit pas et que le commissaire soit l'en-
nemi de ce fonctionnaire, il punit le tenancier
pour infraction, si au contraire il est l'ami du
fonctionnaire, il tance vertement le tenancier
pour l'avoir inscrit et lui sera désagréable si
possible.

Voilà un dilemne intéressant.

XII

Ordonnance du lieutenant-général de police du 8 novembre 1780.

Sur ce qui nous a été remontré par le procureur du roi que la débauche, qui n'est souvent que la suite de la misère, serait moins
excessive si elle ne trouvait les moyens de se

produire dans l'intérêt et la cupidité de ceux
qui la favorisent ; qu'il est instruit que des
marchands louent, à prix d'argent et à la
journée, ou procurent par d'autres moyens
aussi peu honnêtes, des hardes ou vêtements
dont se parent les filles· et femmes prostituées
et avec lesquels elles se montrent avec scandale dans les rues et à leurs fenêtres pour raccrocher les passants; qu'il est du devoir de
son ministère de s'élever contre un pareil
désordre :

Pourquoi il requiert qu'il y soit pourvu.

Article premier. — Faisons très expresse
exhibition et défense à tous marchands et autres
de louer à prix d'argent et à la journée, ou
autrement même, de procurer par d'autres
moyens malhonnêtes, aux filles et femmes
de débauche, les hardes et vêtements dont elles
se parent, et à la faveur desquels elles se montrent scandaleusement à leurs fenêtres, dans
les rues et places de cette ville pour y raccrocher les passants, à peine contre les contrevenants de 300 livres d'amende et de confiscation, au profit de l'Hôpital-général, des robes,
pelisses, mantelets et autres ajustements dont
se trouveront saisies les filles et femmes prostituées, même, en cas de récidive, de punition
corporelle.

Art. 2. — Seront au surplus, les ordonnances de police et notamment celle du 6 novembre 1778, exécutées dans toutes les dispositions
y portées, notamment, quant aux peines d'être
rasées et enfermées à l'hôpital. Ordonnées contre les filles et femmes de débauche, et quant
aux autres punitions prescrites contre elles et
ceux qui leur donnent rétraite et logement au
préjudice desdites ordonnances, et qui favorisent la débauche et le scandale directement et
indirectement.

Mandons, etc.

XIII

**Lettres-patentes du Roy en forme d'édit, portant
établissement d'un nouvel hospice pour les vénériens, données à Versailles au mois d'août 1785,
enregistrées au Parlement le 30 août 1785.**

Louis, par la grâce de Dieu, roi de France et
de Navarre, à tous présents et à venir, salut.
Par nos lettres-patentes du mois de mai 1781,
nous avions jugé à propos de donner à l'Hôpital des Enfants-Trouvés des marques particulières que nous devons à un établissement si

utile, en unissant et incorporant à cet hôpital
tous les biens appartenant ci-devant à l'Hôpital
Saint-Jacques ; par les mêmes lettres, et sur la
représentation qui nous a été faite par les
administrateurs de l'Hôpital-général, nous les
avons autorisés à acquérir incessamment, pour
et au nom de l'Hôpital des Enfants-Trouvés, un
lieu propre à recevoir et traiter convenablement à leur état, tous les enfants qui, à mesure
qu'ils seraient amenés à cet hôpital, seraient
jugés avoir apporté en naissant le germe du
vice vénérien. L'Hôpital des Enfants-Trouvés
s'est conformé à nos intentions en se char-
geant, jusqu'à ce moment, de l'hospice situé à
Vaugirard ; mais, sur ce qui nous a été repré-
senté par les administrateurs de l'Hospice-
général, que le traitement gratuit administré
en la maison de Bicêtre, aux pauvres de l'un
et l'autre sexe attaqués de la maladie vénérienne, devient insuffisant, parce que le local
destiné à cet objet permet à peine d'y admettre le tiers de ceux qui se font journellement
inscrire pour y être traités, nous avons pensé
qu'il était avantageux de réunir des secours si
essentiels dans un même établissement, moins
éloigné de notre bonne ville de Paris. L'administration de l'Hôpital-général, instruite de nos

12.

intentions, s'est aussitôt empressée de donner
de nouvelles preuves de son zèle pour le sou-
lagement de l'humanité, en arrêtant, par une
délibération prise au bureau général tenu à
l'Archevêché, le 5 août dernier, que, dès que
notre intention était de la décharger de ces
deux œuvres particulières, elle était prête à
verser annuellement, dans la caisse du nouvel
établissement, une somme équivalente à la
dépense dont elle se trouvait chargée jusqu'à
présent, tant pour la maison de Bicêtre que
pour l'hospice de Vaugirard ; et nous même,
en acceptant les offres de ladite administration,
nous nous sommes réservé de fournir de nos
propres deniers, s'il y a lieu, le supplément des
fonds nécessaires pour que le nouvel établissement, formé par nos ordres, puisse offrir en
tout temps, et sans aucun retard, les secours
nécessaires aux pauvres de tout âge et de
l'un et de l'autre sexe qui seront jugés devoir
être admis au traitement.

A ces causes et autres à ce nous mouvant,
de l'avis de notre Conseil, qui a vu lesdites
lettres-patentes du mois de mai 1781, ensemble
l'expédition de ladite délibération du 5 août
dernier, le tout attaché sous le contre-scel de
notre Chancellerie et de notre certaine science,
pleine puissance et autorité royale, nous avons

dit, statué et ordonné, et par ces présentes
signées de notre main, disons, statuons et
ordonnons, voulons et nous plaît ce qui suit :

Article premier. — Voulons que dans l'un
des faubourgs de notre bonne ville de Paris, il
soit incessamment formé un établissement
public, dans lequel seront admis et traités gratuitement, à l'avenir, les pauvres de tout âge
de l'un et de l'autre sexe, attaqués du mal vénérien et qui sont présentement admis et traités,
tant dans la maison de Bicêtre qu'en l'hospice
établi à Vaugirard, en exécution de nos lettres-
patentes du mois de mai 1781 : Voulons que
ledit hospice soit et demeure réuni et incorporé
audit établissement.

Art. 2. — Pour administrer et régir en chef et
à perpétuité ledit établissement, avons nommé
et nommons le premier président de notre Cour
de Parlement, notre procureur-général et le
lieutenant-général de police de notre bonne ville
de Paris. Avons aussi commis et commettons,
pour cette fois seulement, en qualité d'admi-
nistrateur dudit établissement, les sieurs de
Hauteclaire, trésorier de France, et Guichard,
notre avocat au bureau des finances, et les
sieurs Lemaire, ancien commissaire au Châtelet, et Encelin, ancien Echevin et grand-garde
du corps de la mercerie.

XIV

Lois de 1789 à 1790.

Loi des 14-22 décembre 1789 se résume par cette formule générale, au point de vue des attributions multiples des pouvoirs municipaux : — « Faire jouir les habitants des avantages d'une bonne police. »

Loi des 16-24 août 1790. — Cette loi explique la formule générale de la loi de 1789 : «... Le soin de répression et de punir les délits contre la *tranquillité publique,* tels que *rixes et disputes* accompagnées d'ameutement dans les rues, le *tumulte* excité dans les lieux d'assemblée publique, les bruits et *attroupements nocturnes* qui troublent le repos des citoyens..... le maintien du bon ordre dans les *lieux publics,* le *soin de prévenir par les précautions convenables* et celui *de faire cesser les fléaux calamiteux, tels que les épidémies,* etc., etc.

XV

Lois des 16-29 juillet 1791. — Arrêt de la Cour de Cassation du 3 décembre 1847.

L'art. VII, titre II, déclare punissables par la voie de la police correctionnelle, les délits contre les bonnes mœurs.

L'art. VIII, ceux qui étaient prévenus d'avoir favorisé la débauche ou corrompu des jeunes gens de l'un ou de l'autre sexe, pouvaient être saisis sur le champ et conduits devant le juge de paix, qui était autorisé à les faire retenir jusqu'à la première audience de la police correctionnelle.

Art. IX. — Les coupables pouvaient être condamnés, selon la gravité des cas, à une amende de cinquante à cinq cents livres et à une année de prison.

Art. X. — Ces peines, en cas de récidive, pouvaient être doublées.

Art. X, titre XII. — S'il arrive du tapage ou des querelles dans les lieux de prostitution, le commissaire de police du quartier qui en est prévenu, fait arrêter les femmes et les envoie en prison.

Les officiers de police pourront également entrer en tous temps dans *les lieux livrés notoirement à la débauche*.

Cette loi reconnaissait d'une manière explicite l'existence des Maisons, et en n'autorisant l'arrestation des femmes qu'en cas de tapage ou de querelles, la loi déclarait qu'elles étaient libres de se prostituer en respectant les règlements.

Arrêt de la Cour de Cassation du 3 décembre 1847. — ... Attendu que chacun de ses rapports (la sécurité, l'ordre et la morale) cette matière rentre dans les objets confiés à la vigilance et à l'autorité des corps municipaux, qu'elle leur est exclusivement attribuée par les dispositions des lois de 1790 et 1791....;

Attendu que la police sur les maisons de débauche, ainsi que sur les personnes qui s'abandonnent à la prostitution... exige, *non seulement des dispositions toutes spéciales,* dans l'intérêt de la sécurité, de l'ordre et de la morale, *mais encore des mesures particulières au point de vue de l'Hygiène publique.*

XVI

Extrait des registres des délibérations du Directoire exécutif du 17 Nivôse, l'an IV de la République française, message adressé au Conseil des Cinq Cents.

Citoyens législateurs. Vous savez que les mœurs sont la sauvegarde de la liberté et que, sans elle, les lois même les plus sages sont impuissantes. Sans doute, vous regardez comme un de vos premiers devoirs de leur rendre cette austérité qui, en doublant les forces physiques, donne à l'âme plus de vigueur et d'énergie. Mais, avant de vous occuper de cette importante régénération, dont les bienfaits doivent être le résultat d'un meilleur système d'éducation et de l'influence des principes républicains, vous vous empresserez d'arrêter par des mesures fermes et sévères, les progrès du libertinage qui, dans les grandes communes, et particulièrement à Paris, se propage de la manière la plus funeste pour les jeunes gens, et surtout pour les militaires.

Les lois répressives contre les filles publiques consistent dans quelques ordonnances tombées en désuétude, ou dans quelques règlements de police purement locaux et trop incohérents pour atteindre un but si désirable. La loi du 19 juillet 1791 a classé au nombre des délits soumis à la police correctionnelle, .a corruption des jeunes gens de l'un et l'autre sexe, et elle en a déterminé la peine; mais cette disposition s'applique proprement au métier infâme de ces êtres affreux qui débauchent et prostituent la jeunesse, et non à la vie licencieuse de ces femmes, l'opprobre d'un sexe et le fléau de l'autre.

Le Code pénal de la même année, et le nouveau Code des délits et des peines, sont également muets sur cet objet important.

C'est à vous qu'il appartient de suppléer à ce silence en portant une loi qui réprime enfin des désordres qu'une plus longue impunité rendrait peut-être redoutable au gouvernement. Vous voudrez que cette loi caractérise et les individus qu'il s'agit d'atteindre, et les peines qu'il convient de leur appliquer. Vous voudrez qu'elle indique d'une manière claire et *qui ne laisse rien à l'arbitraire,* ce qu'on doit entendre par la désignation de filles publiques; car vous n'ignorez pas que si les femmes qui se livrent à cette vie infâme restent impunies, car il est presque toujours impossible aux magistrats chargés de la police, de leur faire une exacte application de la qualité de fille publique, parce que ce titre ne devant, à la rigueur, être donné qu'à celles qui exercent exclusivement ce vil métier, la plupart trouvent le moyen de s'y soustraire, en alléguant qu'elles sont ouvrières ou marchandes, et en produisant des certificats des personnes pour lesquelles elles prétendent travailler. Ces personnes ne rougissent pas même de réclamer quelquefois, en présence du magistrat, ces mêmes femmes, comme filles de boutique, ouvrières ou domestiques, quoi qu'elles soient notoirement filles publiques et qu'on les ait arrêtées en flagrant délit.

Pour remédier à cet inconvénient, vous déterminerez avec précision ce qui constitue la fille publique : récidive et concours de plusieurs faits particuliers, légalement constatés, notoriété publique, arrestation en flagrant délit prouvé légalement par des témoins autres que le dénonciateur ou l'agent de la police, voilà sans doute les circonstances qui vous paraîtront caractériser cette honteuse et criminelle profession.

Quant aux peines dont elle peut être susceptible, il ne paraît pas qu'on puisse en appliquer d'autres que les peines correctionnelles ou de

13

simple police, graduées suivant la gravité des
circonstances, mais en observant de préférer
toujours l'emprisonnement aux amendes, parce
que les coupables de ces délits n'ayant, le plus
souvent, aucune propriété, même mobilière, les
condamnations pécuniaires demeurent, à leur
égard, sans effet, ou qu'elles ne les acquittent
qu'en faisant de nouveaux outrages à la morale
publique.

Nous devons soumettre encore une observation à votre sagesse : il nous paraît essentiel
que la loi que vous rendrez prescrive une forme
de procéder particulière, et qui n'expose pas les
inspecteurs ou agents de police à l'inconvénient
de se voir appeler en témoignage contre les
coupables. Connus d'elles, ainsi que des voleurs ou des filous qui leur sont attachés, il en
résulterait que l'action de la police serait neu-
tralisée ; que ces agents seraient punis de leur
zèle par des huées et des insultes, lorsque le
tribunal renverrait l'accusée faute de preuves
suffisantes, et que les dangers personnels qu'ils
courraient sans cesse décourageraient leur surveillance.

Ces divers objets, citoyens législateurs, appellent votre sollicitude, le Directoire exécutif
vous invite à les prendre en considération.

XVII

Ordonnance de M. Debelleyme, préfet de police 1828.

En 1828, M. Debelleyme, préfet de police, exposait ainsi la situation de la rue : — Partout, le scandale qu'on voulait réprimer, a lieu de la manière la plus ostensible, et la voie publique est continuellement obstruée par une foule de prostituées qui s'y réunissent, non plus seulement à la chute du jour, mais à toutes les heures de la journée, et qui, encouragées par l'impunité, n'ont pas même le soin de dissimuler, sous des apparences tranquilles et décentes, le métier auquel elles se livrent.

On les voit habituellement circuler dans les endroits les plus fréquentés de la capitale, dans les passages publics, dans le voisinage des boutiques achalandées, aux alentours des théâtres, raccrochant les passants, les insultant par les propos les plus grossiers, les poursuivant de leurs provocations obscènes, excitant, par leurs cris et leurs violences, des rassemblements tumultueux occasionnant sans cesse des rixes entre les habitants paisibles et les individus qui font le métier de souteneurs, se mêlant à tous les désordres qui surviennent dans le voisinage, et n'intervenant jamais dans toutes ces querelles que pour provoquer la résistance du public contre les personnes chargées du maintien de l'ordre et de la tranquillité.

XVIII

Ordonnance du préfet de police applicable aux hôteliers, 15 juin 1832.

Art. 2. — Les personnes qui veulent exercer la profession d'aubergiste, maître d'hôtel garni ou logeur, sont tenues d'en faire préalablement la déclaratian à la préfecture de police. Acte leur en sera donné.

Art. 3. — Les aubergistes, maîtres d'hôtels garnis et logeurs sont tenus d'avoir un registre pour l'inscription immédiate des voyageurs français et étrangers. Ce registre doit être coté et paraphé par le commissaire de police du quartier.

Art. 4. — Il est enjoint aux aubergistes, maîtres d'hôtels garnis et logeurs d'inscrire, jour par jour, de suite, sans aucun blanc ni interligne, les nom, prénoms, âge, profession, domicile habituel et demeure de tous ceux qui couchent chez eux, même une seule nuit.

Le registre doit indiquer la date de leur entrée et de leur sortie. Il doit, en outre, mentionner s'ils sont porteurs de passeports ou autres papiers de sûreté, et quelles sont les autorités qui les ont délivrés....

XIX

Ordonnance du préfet de police Delessert, 1841.

La circulation des prostituées sur la voie publique, interdite pendant un intervalle qui n'a pas permis de juger complètement cette mesure, a dû être tolérée de nouveau *par de graves considérations qui n'ont encore rien perdu de leur force.* Il a donc fallu se borner à imposer à ces femmes les obligations susceptibles de prévenir des atteintes directes aux mœurs et à la tranquillité publique.

Il a été pris, à ce sujet, par un de nos prédécesseurs, le 7 septembre 1830, un arrêté qui a servi de règle jusqu'à ce jour.

Cet arrêté fait défense expresse aux filles publiques de parcourir la voie publique pendant le jour et d'y paraître le soir, de manière à s'y faire remarquer avant l'allumage des réverbères, et d'y rester après onze heures du soir. Elles ne doivent se montrer que dans une mise décente. Il leur est défendu de parler à des hommes accompagnés de femmes et d'enfants, et d'adresser à qui que ce soit des provocations à haute voix ou avec insistance.

Elles ne peuvent se placer à leurs fenêtres, à quelque heure, et sous quelque prétexte que ce soit, ni stationner à leur porte, *à moins que ce ne soit devant une maison de tolérance,* dont la maîtresse ait obtenu, à cet effet, une permission spéciale.

Il leur est défendu de stationner sur la voie publique, d'y former des groupes, de circuler en réunion ou d'aller et venir dans un espace trop resserré.

Elles doivent s'abstenir, lorsqu'elles sont dans leur domicile, de tout ce qui peut donner lieu aux plaintes des habitants voisins ou des passants.

Les jardins et abords du Palais-Royal, des Tuileries, du Luxembourg, du jardin du roi, les passages couverts, les quais, les ponts, les rues, les places et lieux obscurs et déserts leur sont interdits, ainsi que les cabarets et autres établissements publics ou maisons particulières où l'on favoriserait clandestinement la prostitution.

Les maîtresses de maisons sont responsables des infractions qu'elles auraient pu empêcher.

Ces dispositions, toutes disciplinaires, ont paru devoir faire l'objet d'un règlement écrit, parce que, en dehors des cas qu'elles spécifient, il ne peut y avoir que des infractions d'ordre général qui, répréhensibles de la part de quelque individu que ce soit, acquièrent plus de gravité lorsqu'elles sont commises par des filles publiques, comme le scandale occasionné par gestes, des attouchements ou des propos obscènes, et par les attaques grossières ou injurieuses envers les particuliers, sans provocation, et le trouble produit par des rixes ou par l'ivresse.

Telle est la matière des mesures de répression qu'il y a lieu de prendre à l'égard des filles publiques, et dont vous êtes naturellement appelés à assurer l'exécution.

L'arbitraire dont l'administration est armée contre ces femmes ne doit être employé qu'avec une réserve équitable; il ne faut, par conséquent, l'appliquer

*qu'à des atteintes positives portées à l'ordre public, et
que la législation n'a pas prévues ou n'a pu définir.*

Vous ne sauriez donc apporter trop de prudence dans les actes auxquels vous auriez occasion de procéder, ni trop de précision dans vos procès-verbaux ou rapports, afin de me présenter, avec toute l'exactitude possible, les faits sur lesquels j'aurai à prononcer.

Toute fille publique trouvée sur la voie publique en infraction aux prohibitions et obligations sus-énoncées, devra être immédiatement arrêtée, en prenant les précautions nécessaires pour qu'il n'en résulte aucun trouble.

Lorsqu'une scène de désordre, qui aura lieu, soit dans une maison de tolérance ou dans le domicile particulier d'une fille publique, soit dans un lieu public dont l'accès vous est ouvert par l'article 10 de la loi des 19-22 juillet 1791, excitera la clameur publique, vous devrez, aussitôt que vous en aurez connaissance, et à quelque heure que ce soit, vous y transporter pour vous assurer de la personne des perturbateurs. Aussi ces maisons devront être surveillées par vous avec soin, pour vous assurer que le bon ordre y est constamment observé.

Je me réserve de déterminer la durée des

punitions qu'il y aurait lieu de prononcer contre les maîtresses de maisons et contre les filles publiques qui seront l'objet de vos rapports particuliers.

L'arrêté du 7 septembre 1830, en indiquant spécialement comme devant être interdits aux filles publiques, les jardins qui servent de promenades publiques, n'a pu désigner que d'une manière générale les parties de la voie publique où la présence de ces femmes peut être un inconvénient ou un danger.

Mais si, par suite de scandale occasionné par la présence habituelle d'un trop grand nombre de filles publiques sur un point déterminé, l'interdiction en était réclamée par les habitants ou que, pour prévenir des plaintes inévitables, vous reconnaissiez le besoin d'une semblable mesure, vous me soumettriez les raisons qui la motiveraient à vos yeux.

. . . .

L'impression fâcheuse que produit en général la circulation des femmes publiques tient constamment mon attention portée sur une question si délicate, à cause des graves considérations qui s'y rattachent.

Il est sans doute à désirer que les yeux du public ne soient plus blessés d'un spectacle que la morale ne peut que condamner, mais que des raisons qui intéressent la santé publique ne permettent pas de faire disparaître d'une manière subite.

On devra procéder, à cet égard, avec une extrême circonspection.

XX

Code pénal. Articles visant le vagabondage et l'attentat aux mœurs.

VAGABONDAGE.

Art. 270. — Les vagabonds ou gens sans aveu qui n'ont ni domicile certain, ni moyens de subsistance, et qui n'exercent habituellement ni métier, ni profession.

Art. 271. — Les vagabonds ou gens sans aveu qui auront été légalement déclarés tels, seront, pour ce seul fait, punis de trois à six mois d'emprisonnement. Ils seront envoyés, après avoir subi leur peine, sous la surveillance de la haute police, pendant cinq ans au moins et dix ans au plus. — Néanmoins, les vagabonds âgés de moins de seize ans ne pourront être condamnés à la peine d'emprisonnement, mais, sur la preuve des faits de vagabondage, ils seront renvoyés sous la surveillance de la haute police, jusqu'à l'âge de vingt-cinq ans accomplis, à moins qu'avant cet âge, ils n'aient contracté un engagement régulier dans les armées de terre ou de mer.

Art. 272. — Les individus déclarés vagabonds par jugement pourront, s'ils sont étrangers, être conduits, par les ordres du gouvernement, hors du territoire du royaume.

Art. 275. — Les vagabonds nés en France pourront, après un jugement, même passé en forme de cause jugée, être réclamés par délibération du Conseil municipal de la commune où ils sont nés, ou cautionnés par un citoyen solvable. — Si le gouvernement accueille la réclamation ou agrée la caution, les individus ainsi réclamés ou cautionnés seront, par ses ordres, renvoyés ou conduits dans la commune qui les aura réclamés, ou dans celle qui leur sera assignée pour résidence, sur la demande de la caution.

ATTENTAT AUX MŒURS.

Art. 330. — Toute personne qui aura commis un outrage public à la pudeur, sera

punie d'un emprisonnement de trois mois à un
an et d'une amende de 16 francs à 200 francs.

Art. 331. — Tout attentat à la pudeur consommé ou tenté sans violence, sur la personne
d'un enfant de l'un ou de l'autre sexe âgé de
moins de onze ans, sera puni de la réclusion.

Art. 332. — Quiconque aura commis le crime
de viol, sera puni des travaux forcés à temps.
Si le crime a été commis sur la personne d'un
enfant au-dessous de l'âge de quinze ans
accomplis, le coupable subira le *maximum*
de la peine des travaux forcés à temps. Quiconque aura commis un attentat à la pudeur,
consommé ou tenté avec violence contre des
individus de l'un ou de l'autre sexe, sera puni
de la réclusion. Si le crime a été commis sur la
personne d'un enfant au-dessous de l'âge de
quinze ans accomplis, le coupable subira la
peine des travaux forcés à temps.

Art. 333. — Si les coupables sont les ascen-
dants de la personne sur laquelle a été consommé l'attentat, s'ils sont de la classe de ceux
qui ont autorité sur elle, s'ils sont ses institu-
teurs ou ses serviteurs à gages, ou serviteurs
à gages des personnes ci-dessus désignées,
s'ils sont fonctionnaires ou ministres d'un culte,
ou si le coupable, quel qu'il soit, a été aidé

dans son crime par une ou plusieurs personnes, la peine sera celle des travaux forcés à temps, dans le cas prévu par l'art. 331, et des travaux forcés à perpétuité, dans le cas prévu par l'article précédent.

Art. 334. — *Quiconque aura attenté aux mœurs en excitant, favorisant ou facilitant habituellement la débauche ou la corruption de la jeunesse de l'un ou de l'autre sexe, au-dessous de l'âge de vingt-et-un ans, sera puni d'un emprisonnement de six mois à deux ans, et d'une amende de cinquante francs à cinq cents francs. Si la prostitution* ou la corruption a été excitée, favorisée ou facilitée par leurs pères, mères, tuteurs ou autres personnes chargées de leur surveillance, la peine sera de deux ans à cinq ans, et de trois cents francs à mille francs d'amende.

Art. 335. — Les coupables du délit mentionné au premier article seront interdits de toute tutelle ou curatelle, et de toute participation aux conseils de famille; savoir, les individus auxquels s'applique le premier paragraphe de cet article, pendant deux ans au moins et cinq ans au plus, et ceux dont il est parlé au second paragraphe, pendant dix ans au moins et vingt ans au plus.

Art. 471, n° 15. — Seront punis d'amende,

depuis un franc jusqu'à cinq francs inclusivement, ceux qui auront contrevenu aux règlements légalement faits par l'autorité administrative, et ceux qui ne se seront pas conformés
aux règlements ou arrêtés publiés par l'autorité
municipale, en vertu de l'article 46, titre Ier, de
la loi des 19 et 22 juillet 1791, ainsi conçu :

Art. 479, n° 8. — Seront punis d'une
amende de onze à quinze francs inclusivement,
les auteurs ou complices de bruits ou tapages
injurieux ou nocturnes, troublant la tranquillité
des habitants.

Art. 480, n° 5. — Pourra, selon les circonstances, être prononcée la peine d'emprisonnement pendant cinq jours au plus, contre les
auteurs ou complices de bruits ou tapages
injurieux ou nocturnes.

Art. 484. — Dans toutes les matières qui
n'ont pas été réglées par le présent code, et
qui sont régies par des lois et règlements particuliers, les Cours et les Tribunaux continueront
de les observer.

CODE CIVIL.

Art. 1384. — On est responsable, non seulement du dommage que l'on cause par son propre
fait, mais encore de celui qui est causé par le
fait des personnes dont on doit répondre, ou

des choses qu'on a sous sa garde — le père, et
la mère, après le décès du mari, sont responsables du dommage causé par leurs enfants
mineurs habitant avec eux — les maîtres et
leurs commettants, du dommage causé par leurs
domestiques et préposés dans les fonctions
auxquelles ils les ont employés.

XXI

Ordonnances de la Commune de Paris, 1871.

Les Membres de la Commune délégués au
XIe arrondissement,

Considérant :

Que les principes de la Commune sont éta-
blis *sur la moralité et le respect de chacun ;*

Que les femmes de mauvaise vie et les ivro-
gnes sont, chaque jour, un spectacle scanda-
leux pour les mœurs publiques ; qu'il y a
urgence à ce que de pareils désordres soient
promptement réprimés ;

Arrêtent :

Article unique. — Les commissaires de
police et les gardes nationaux du XIe arron-

dissement doivent *arrêter et mettre en détention*
toutes les femmes de mœurs suspectes exerçant leur honteux métier sur la voie publique
(11 mai 1871).

La délégation communale du XI⁰ arrondissement, considérant que, même avant la guerre
gigantesque entreprise par l'Amérique du
Nord pour l'abolition de l'esclavage, la traite
des noirs était interdite et les négriers sévèrement punis.

Que la suppression des armées permanentes
mis à l'ordre du jour de la Révolution communale, doit entraîner la suppression du trafic
odieux des marchands d'hommes.

Qu'en principe, on ne peut admettre l'exploitation commerciale de créatures humaines par
d'autres créatures humaines.

Que les maisons de tolérance ont essentiellement ce dernier caractère.

Article premier. — Les maisons dites de
tolérance seront immédiatement fermées dans
toute l'étendue du XI⁰ arrondissement et les
scellés apposés sur les portes de ces établissements (17 mai 1871).

La délégation communale du XI⁰ arrondissement,

Considérant :

Que la Société est responsable et solidaire des désordres engendrés par la prostitution ;

Qu'en effet, le manque d'instruction et de travail, cause générale de la perte de tant de femmes, est sans nul doute imputable à un mécanisme social essentiellement vicieux ; que, par suite, la Société nouvelle, issue de la Révolution communale, doit poursuivre la guérison de toutes les plaies monarchiques ;

Que l'organisation intelligente du travail des femmes est le seul remède à la prostitution ;

Que cette organisation est en voie de formation ;

Que néanmoins, et quelque soit le sentiment de légitime pitié que peut inspirer la situation des victimes inconscientes de la prostitution, il importe de préserver pour le présent la pureté de la jeune génération et de lui épargner le spectacle du vice s'étalant sur la voie publique ;

Arrête :

Article premier. — La circulation sur la voie publique des femmes livrées à la prostitution est absolument interdite dans toute l'étendue du XIᵉ arrondissement.

Art. 2. — Toute femme contrevenant à

cette disposition sera mise immédiatement en état d'arrestation (17 mai 1871).

Les Membres de la Commune représentant le XIV⁰ arrondissement,

Considérant :

Que la prostitution sur la voie publique prend des proportions considérables et qu'elle est une cause permanente de démoralisation en même temps qu'une atteinte aux mœurs et un appel incessant aux plus viles passions.

Qu'il est temps, par conséquent, de prendre les mesures les plus énergiques pour réprimer un tel état de choses.

Arrêtent :

Article premier. — Les commissaires de police et la garde nationale sont chargés de veiller à ce que la morale publique ne soit plus offensée par la vue de ces femmes qui font un métier de la prostitution.

Celles qui seront arrêtées dans la rue seront conduites devant le commissaire de police qui, après interrogatoire, statuera sur les mesures à prendre à leur égard (16 mai 1871).

XXII

Règlement de province.

Mairie de XX... — Extrait du règlement de police concernant les filles publiques.

Article premier. — Toute fille ou femme voulant se livrer à la prostitution, devra en faire la déclaration au commissaire de police et lui indiquer le quartier où elle veut prendre domicile.

Art. 2. — En faisant sa déclaration, elle devra représenter son extrait d'acte de naissance, son passeport ou tous autres papiers constatant son identité, sous peine d'être considérée comme vagabonde et punie s'il y a lieu. Ses papiers resteront déposés au bureau de police pendant son séjour dans la ville.

Art. 3. — Elle sera inscrite sur le livre tenu à cet effet au bureau de police, et sur lequel seront porté son nom, son âge, son pays, son dernier domicile, son signalement, sa profession ancienne et les motifs qui l'on déterminé à la quitter et à adopter ce nouveau genre de vie.

Art. 4. — Elle recevra, en échange de ses

papiers, une carte de résidence énonçant ses nom, prénoms, âge, lieu de naissance, signalement, ainsi que l'indication de son domicile, approuvé par l'autorité. Cette carte portera de plus un signe constatant qu'elle sera présentée à chaque visite prescrite.

Art. 5. — Elle est tenue de représenter cette carte à toute réquisition des officiers et agents de police.

Art. 6. — Il est défendu aux filles ou femmes prostituées de se promener sur la voie publique (ce qui comprend les rues, places, carrefours, impasses et promenades), de manière à s'y faire remarquer par leur démarche ou leur tenue ; il leur est défendu d'y stationner en nombre ou d'aller et venir dans un espace peu étendu, notamment aux abords des corps-degarde et des casernes devant lesquelles elles ne devront jamais s'arrêter.

Art. 7 — Il leur est défendu, étant sur la voie publique, de s'adresser aux passants, de les attirer ou appeler par quelque signe que ce soit.

Art. 8. — Il leur est défendu de circuler ou de rester dehors après dix heures et demie du soir, de se tenir à la porte de leur habitation qui, à cette heure, doit être fermée.

Art. 9. — Il leur est défendu d'appeler ou provoquer les passants par signes ou autrement, soit de l'intérieur de leur habitation, soit de leurs fenêtres qui devront être garnies de rideaux constamment tirés, de manière qu'on ne puisse voir chez elles du voisinage. Les fenêtres devront toujours être fermées, sauf, cependant, une heure le matin, pour aérer la chambre.

Art. 10. — Il leur est défendu de recevoir chez elles des militaires après l'heure de la retraite, comme aussi de se trouver en leur compagnie passé ladite heure.

Art. 11. — Elles ne peuvent assister au spectacle qu'aux places qui seront désignées. En cas d'infraction, le commissaire ou les agents de police les feront expulser sans préjudice des poursuites qui pourront être dirigées contre elles. Il est défendu aux ouvreuses de loges d'introduire lesdites femmes dans les places à elles interdites.

Art. 12. — Il leur est prescrit d'éviter dans leur mise, leurs paroles ou leurs gestes, tout ce qui pourrait blesser la décence.

Art. 13. — Toutes filles ou femmes publiques qui se livreraient dans leur chambre à des scènes de débauche ou de prostitution, de manière à être vues des voisins seront, sur la première plainte, arrêtées à l'instant et traduites devant le procureur de la République, comme coupables d'outrages aux mœurs et à la pudeur. Celles qui seraient auteurs ou complices de rixes, voies de fait ou disputes, soit dans leur habitation, soit sur la voie publique, seront arrêtées et déposées à la maison d'arrêt. Il en est de même à l'égard de celles qui se livreraient à des injures, propos, gestes indécents, ainsi que celles qui seraient rencontrées sur la voie publique en état d'ivresse.

Art. 14. — Elles devront ouvrir leurs portes à telle heure que ce soit, de jour ou de nuit, aux officiers ou agents de police.

Art. 15. — Elles devront à chaque changement de domicile faire, dans les vingt-quatre heures, la déclaration au bureau de police.

Art. 16. — Il leur est extrêmement défendu de fréquenter les établissements ou *maisons de prostitution tenus clandestinement.*

Art. 17. — Sera considérée comme femme publique toute fille ou femme publique, même dans ses meubles habitant seule, dans la demeure de laquelle il y aurait des réunions habituelles d'hommes ou de femmes qui occasionneraient du scandale ou du tapage par une conduite déréglée ou par des scènes de débauche qui troubleraient le repos des voisins.

Art. 18. — Sera également considérée comme femme publique toute fille ou femme fréquentant habituellement les lieux de prostitution et qui, par son âge, pourra être soupçonnée de se livrer à la prostitution.

Art. 19. — Toute femme se livrant à la prostitution sera, sur la notoriété acquise, inscrite d'office sur le registre tenu au bureau de police et soumise aux prescriptions du présent.

Art. 20. — Toute personne qui, cessant de se livrer à la prostitution, voudra se faire rayer du livre d'inscription, en fera la demande au commissaire de police, qui procédera à la radiation après s'être assuré de l'état sanitaire de cette femme, ainsi que de la cessation de la prostitution.

Art. 21. — Toutes femmes se livrant à la prostitution seront assujetties à la visite le vendredi de chaque semaine.

Art. 22. — Les visites auront lieu dans le local et à l'heure indiqués par nous, et seront faites par le chirurgien en chef de l'Hôtel-Dieu.

Art. 23. — Chaque visite sera constatée par un signe apposé sur la carte de résidence.

Art. 24. — Un agent de police se tiendra à portée de maintenir l'ordre et la décence.

Art. 25. — Lorsqu'un des jours de visite se trouvera un jour férié, la visite sera remise au lendemain.

Art. 26. — Toutes femmes qui ne se présenteraient pas à la visite seront considérées comme viciées, mises à l'hospice en état d'observation et poursuivies pour contravention au présent.

XXIII

Règlement de la ville de Paris.

PRÉFECTURE DE POLICE (Modèle n° 19)

1° DIVISION

2° BUREAU

3° SECTION

Obligations et défenses imposées aux femmes publiques.

Les filles publiques en cartes sont tenues de se présenter une fois au moins tous les quinze jours au dispensaire de salubrité pour être visitées.

Il leur est enjoint d'exhiber leur carte à toute réquisition des officiers et agents de police.

Il leur est défendu de provoquer à la débauche pendant le jour ; elles ne pourront entrer en circulation sur la voie publique qu'une demi-heure après l'heure fixée pour le commencement de l'allumage des réverbères, et, en aucune saison, avant sept heures du soir, et y rester après onze heures.

Elles doivent avoir une mise simple et décente qui ne puisse attirer les regards, soit par la richesse ou les couleurs éclatantes des étoffes, soit par des modes exagérées.

La coiffure en cheveux est interdite.

Défense expresse leur est faite de parler à des hommes accompagnés de femmes ou d'enfants, et d'adresser à qui que ce soit des provocations à haute voix ou avec insistance.

Elles ne peuvent, à quelque heure et sous quelque prétexte que ce soit, se montrer à leurs fenêtres, qui doivent être tenues constamment fermées et garnies de rideaux.

Il leur est défendu de stationner sur la voie publique, d'y former des groupes, d'y circuler en réunion, d'aller et venir dans un espace trop resserré, et de se faire suivre ou accompagner par des hommes.

Les pourtours et abords des églises et temples, à distance de vingt mètres au moins, les passages couverts, les boulevards de la rue Montmartre à la Madeleine, les jardins et abords du Palais-Royal, des Tuileries, du Luxembourg et le Jardin des Plantes, leur sont interdits. Les Champs-Elysées, l'esplanade des Invalides, les anciens boulevards extérieurs, les quais, les ponts, et généralement les rues et lieux déserts et obscurs leur sont également interdits.

Il leur est expressément défendu de fréquenter les établissements publics ou maisons particulières où l'on favoriserait clandestinement la prostitution et, les tables d'hôte, de prendre domicile dans les maisons où existent des pensionnats ou externats, et d'exercer en dehors du quartier qu'elles habitent.

Il leur est également défendu de partager leur logement avec un concubinaire ou avec une autre fille, ou de loger en garnis sans autorisation.

Les filles publiques s'abstiendront, lorsqu'elles seront dans leur domicile, de tout ce qui pourrait donner lieu à des plaintes des voisins et des passants.

Celles qui contreviendront aux dispositions

qui précèdent, celles qui résisteront aux agents de l'autorité, celles qui donneront de fausses indications de demeure ou de noms, encourront des peines proportionnelles à la gravité des cas.

XXIV

Arrêté réglant l'emploi des fonds produits par le dispensaire.

Nous, Préfet de Police,

Considérant qu'un des premiers devoirs du Magistrat chargé de la Police de Paris est de veiller au maintien des bonnes mœurs et de restreindre, de plus en plus, la prostitution publique; qu'il est nécessaire de donner, à cet effet, à la portion disponible des recettes du dispensaire, une destination qui est *l'approbation des gens* de bien.

Etant à notre connaissance que, parmi les femmes qui se livrent à la prostitution, il existe de jeunes filles qui ont été attirées des provinces et abusées par de fausses promesses, que d'autres, nées à Paris et à peine sorties de l'enfance, ont été victimes de leur inexpérience, que la honte de retourner dans leur famille, l'abandon et la misère, le défaut d'instruction les retiennent malgré elles dans le vice et l'abjection, qu'une partie d'entre elles regarderaient comme un bienfait d'avoir les moyens de sortir de cet état de prostitution.

Avons arrêté ce qui suit :

Chaque année, un règlement de comptes de l'exercice de l'année précédente pour les perceptions et dépenses du dispensaire de salubrité, l'excédent des recettes sur les dépenses d'administration sera destiné à payer au couvent de refuge des dames de Saint-Michel les pensions des filles-publiques repenties qui consentiront, volontairement, à s'y retirer jusqu'à ce qu'elles soient réclamées par leur famille ou qu'elles aient les moyens de pourvoir à leur existence par le travail.

XXV

Proposition du docteur Jannel empruntée pour partie à Parent-Duchâtelet sur les attributions de la police.

Article premier. — La répression de la prostitution, soit avec provocation sur la voie publique, soit de toute autre manière, est confiée au Chef de la Police.

Un *pouvoir discrétionnaire* est confié à ce Magistrat sur tous les individus qui s'adonnent à la prostitution publique.

Art. 2. — La prostitution publique est constatée, soit par le témoignage de deux agents au moins, soit par notoriété, soit par enquête sur plainte et dénonciation.

Art. 3. — Le Chef de Police pourra faire, à l'égard de ceux qui, par métier, favorisent la prostitution, ainsi qu'à l'égard des logeurs, des aubergistes, des propriétaires et principaux locataires, tous les Règlements qu'il jugera convenables pour la répression de la prostitution.

Art. 4. — Le Chef de la Police pourra faire les Règlements qu'il jugera convenables pour les visites corporelles aux prostituées, dans l'intérêt de la santé publique.

XXVI

Avis de M. Dupin, Procureur général à la Cour de Cassation.

La prostitution est un *état* qui soumet les créatures qui l'exercent au pouvoir discrétionnaire délégué par la Loi à la Police, état qui a ses conditions et ses règles comme tous les autres, comme l'état militaire, toutes réserves faites sur la comparaison. Appliquer aux filles publiques des Règlements ou des mesures de police auxquels les astreint leur genre de vie, ce n'est pas plus commettre un attentat à la liberté individuelle qu'on ne le fait dans l'armée lorsqu'on applique aux militaires les règles de la discipline, en vertu desquelles ils peuvent être privés, discrétionnairement et sans formalités de leur liberté — l'incarcération des filles est moins grave que la *visite* et cependant nul ne conteste la légalité de cette dernière mesure. Lorsque les employés des douanes et ceux de l'octroi fouillent les voyageurs et mettent la main sur eux, ils portent, en quelque manière, atteinte à leur liberté, à leur personne, et cependant de telles mesures sont légales parce qu'elles sont la conséquence forcée des choses...

C'est exagérer le principe de la liberté individuelle que de la pousser jusqu'à entraver l'exercice légitime des autres garanties sociales.

En d'autres termes, au-dessous des peines
proprement dites appliquées par les Tribunaux
de répression, il peut y avoir, dans la matière
dont il s'agit, une série de mesures comme
l'incarcération et la visite des filles publiques,
qui ne constituent que des moyens de police et
qui peuvent résulter légalement de l'exercice
du pouvoir discrétionnaire abandonné à l'Administration, pouvoir que la Police exerce
librement sous les garanties constitutionnelles.

XXVII

**Arrêt de la Cour de Cassation sur les filles mineures
dans les maisons de tolérance.**

. . . .

« Il y a délit à favoriser la débauche d'une
fille mineure, par exemple, à l'admettre dans
une maison de tolérance comme prostituée,
alors même qu'un *Règlement local* tolérerait cette
admission pour des filles âgées de moins de
vingt-et-un ans, un tel Règlement n'ayant pas

le pouvoir de restreindre les prohibitions de l'article 334 du Code pénal.

« L'exception tirée de ce que, du moins, le prévenu a pu exciper de sa bonne foi, se croire en droit d'user du bénéfice de ce Règlement, est rejeté avec des motifs suffisamment explicites, lorsque, dans sa décision, le juge du fait relève *les nombreux actes de corruption de mineures* à la charge du prévenu, et ses pratiques frauduleuses, en ajoutant *que les Arrêtés municipaux ne sauraient prévaloir contre la Loi.* »

Que devient, d'après cet Arrêt, la responsabilité des Commissaires de police et des Maires qui font des Règlements d'après lesquels les tenanciers peuvent se croire à l'abri de toutes poursuites ?

XXVIII

Il n'est pas sans intérêt, à ce sujet, d'emprunter au Dʳ Garin cet extrait du Règlement de la Ville de Lyon :

— « Les filles mineures, qui forment une proportion considérable des filles clandestines,

ne doivent pas échapper à la surveillance sanitaire. Le Règlement ne permet pas de les inscrire d'office sur le registre matricule avant
leur majorité, mais, *par mesure de surveillance et
de salubrité, on les soumet aux visites sanitaires, et on
les assimile aux autres filles en carte en leur confé-
rant, sans inscription sur les registres une carte particulière, qu'on appelle carte blanche.*

« Tout cela ne se peut faire sans écriture et,
partant, sans inscription. »

XXIX

Arrêt de la Cour de Cassation du 18 juillet 1857 distinguant le droit de location de l'exercice.

« ... Attendu que si l'autorité municipale a
le droit de réglementer la prostitution dans ses
rapports avec le bon ordre, la morale publique
et la police des lieux publics, ce droit ne saurait
s'étendre jusqu'à interdire, d'une manière absolue, à *tous propriétaires,* non aubergistes, cafetiers ou logeurs en garni, de louer aucun
appartement aux femmes de mauvaise vie ou
filles publiques, de les loger ou de les recueillir

chez eux, ainsi que le prescrit l'article 1er de
l'Arrêté du Maire de Privas.

« ... Attendu, à cet égard, qu'il y a lieu de
distinguer entre le fait de *location* et celui de
l'*exercice* dans les lieux loués d'une profession
soumise par sa matière à la surveillance spéciale de l'autorité... »

XXX

Décret du 29 décembre 1851 concernant les pouvoirs des préfets.

« ... Art. 2. — La fermeture des établissements désignés à l'article 1er (cafés, cabarets et
débits de boissons) qui existent actuellement ou
qui seront autorisés à l'avenir pourra être
ordonnée par Arrêté du Préfet, soit après condamnation pour contravention aux Lois et Règlements qui concernent ces professions, soit par
mesure de sécurité publique. »

Il est curieux de mettre en regard de ces
Arrêts, la reproduction *in extenso* de l'Ordonnance du Lieutenant-général de Police (6 novembre 1778) que je n'ai fait qu'indiquer sommairement au titre XI.

XXXI

Ordonnance du Lieutenant-général de Police.

Sur ce qui nous a été remontré par le Procureur du Roi, qu'après avoir porté une attention particulière sur ce qui peut intéresser la sûreté des citoyens et renouveler les Réglements principaux dont l'exécution tend à la maintenir, il lui paraît également nécessaire de lui rappeler la rigueur des Ordonnances contre les filles et les femmes de débauche, dont les excès et le scandale sont aussi préjudiciables à la tranquillité publique qu'au maintien des bonnes mœurs ; que le libertinage est aujourd'hui porté à un point que les femmes, au lieu de cacher leur infâme commerce, ont la hardiesse de se montrer pendant le jour à leurs fenêtres d'où elles font signe aux passants pour les attirer, de se tenir sur leurs portes et même de courir les rues, où elles arrêtent les personnes de tout âge et de tous états ; qu'un pareil désordre ne peut être réprimé que par la sévérité des peines prescrites par les Lois et capables d'imposer tant aux filles et femmes de débauche qu'à ceux qui les soutiennent et favorisent ;

Pourquoi il requiert y être par nous pourvu ;

Nous, faisant droit sur le réquisitoire du Procureur du Roi, ordonnons que les Ordonnances, Arrêts et Règlements concernant les femmes et filles de débauche seront exécutés suivant leurs forme et teneur, et en conséquence :

Article premier. — Faisons très expressément inhibitions et défenses à toutes femmes et filles de débauche de raccrocher dans les rues, sur les quais, places et promenades publiques et sur les boulevards de cette Ville de Paris, même par les fenêtres, le tout sous peine d'être *rasées et enfermées à l'hôpital*, en cas de récidive de *punitions corporelles,* conformément auxdits Ordonnances, Arrêts et Règlements.

Art. 2. — Défendons à tous propriétaires et principaux locataires des maisons de cette ville et faubourgs d'y louer, ni sous-louer les maisons dont ils sont propriétaires ou locataires qu'à des personnes de bonnes vie et mœurs et bien famées, et de souffrir en icelles aucun lieu de débauche, à peine de 500 livres d'amende.

Art. 3. — Enjoignons auxdits propriétaires et locataires des maisons où il aura été introduit des femmes de débauche, de faire, dans les 24 heures, leur déclaration par-devant le Commissaire du quartier contre les particuliers et particulières qui les auront surpris, à l'effet par les Commissaires de faire leurs rapports contre

les délinquants, qui seront condamnés à 400
livres d'amende et même poursuivis extraordinairement, et leurs dites déclarations continueront d'être reçues par les Commissaires gratuitement et sans frais, comme pour faits de
police, ainsi qu'il en a été usé par le passé.

Art. 4. — Défendons à toutes personnes, de
quelque état et condition qu'elles soient, de
sous-louer jour par jour, huitaine, quinzaine,
mois ou autrement, des chambres et lieux garnis à des femmes ou filles de débauche, ni de
s'entremettre directement ou indirectement auxdites locations sous la même peine de 400 livres
d'amende.

Art. 5. — Enjoignons à toutes personnes
tenant hôtels, maisons et chambres garnies, au
mois, à la quinzaine, à la huitaine, à la journée, etc., d'écrire de suite, jour par jour, et
sans aucun blanc, les personnes logées chez
elles par noms, surnoms, qualités, pays de
naissance et lieu de domicile ordinaire, sur les
registres de police qu'elles doivent tenir à cet
effet, cotés et paraphés par les Commissaires des quartiers, et de ne souffrir, dans leurs
hôtels, maisons et chambres garnies, aucuns
gens sans aveu, femmes, ni filles de débauche

se livrant à la prostitution, de mettre les hommes et les femmes dans des chambres séparées et de ne souffrir dans des chambres particulières des hommes et des femmes prétendus mariés qu'en représentant, par eux, des actes en forme de leur mariage ou s'en faisant certifier par écrit par des gens notables et dignes de foi, le tout à peine de 200 livres d'amende.

Art. 6. — Mandons aux Commissaires au Châtelet et enjoignons aux Inspecteurs et Officiers de Police du guet de la garde et à tous autres qu'il appartiendra, de tenir la main à l'exécution de la présente Ordonnance, qui sera imprimée, lue, publiée et affichée dans cette ville et faubourgs de Paris et partout où besoin sera.

. . . .

Art. 14. — Faisons défenses à tous cabaretiers, taverniers, limonadiers, vinaigriers, vendeurs de bière, d'eau-de-vie et de liqueurs au détail, d'avoir leurs boutiques ouvertes, ni de recevoir aucune personne chez eux et d'y donner à boire passé 10 heures du soir et avant heures du matin, depuis le 1er novembre jusqu'au 1er mars, et depuis le 1er mars jusqu'au 1er novembre après 11 heures du soir et avant 4 heures du matin, leur défendons pareillement de recevoir chez eux *aucune femme de débauche*, vagabonds, mendiants, gens sans aveu et filous, le tout à peine de 100 livres d'amende.

Ce Lieutenant de Police n'était pas tendre pour les femmes et défendait de les loger, de leur louer des effets et de leur donner à boire.

Et dire que cette Ordonnance est encore en vigueur!

BRASSERIES DE FEMMES

—

Arrêts, Arrêtés et Ordonnances

BRASSERIES DE FEMMES

Arrête, Arrêtés et Ordonnances

XXXII

19 septembre 1861, Ordonnance du Préfet de Police Boitelle, concernant les brasseries servies par des femmes.

Nous, Préfet de Police,

Considérant qu'il s'est introduit parmi les débits de boissons existant à Paris, un genre spécial de liquoristes où les consommateurs sont servis par des femmes ;

Attendu qu'il importe de soumettre ces sortes d'établissements à une réglementation et à une surveillance particulières.

Ordonnons ce qui suit :

1º Les chefs des établissements ci-dessus désignés sont tenus de veiller à ce que les personnes qu'ils emploient comme filles de comptoir ne se fassent remarquer, ni par leur costume, ni par l'inconvenance de leur attitude, ni par des familiarités choquantes ou des provocations à l'égard des passants ou des consommateurs, ni en partageant les libations de ces derniers.

Ils seront tenus en outre de se conformer à toutes les prescriptions de l'administration sur la disposition intérieure de leurs établissements.

2º Les filles de comptoir, en service dans ces établissements, rentrant dans la catégorie des ouvrières astreintes au livret, par la loi du 22 juin 1854, devront dans le délai d'un mois, se munir de ce titre de travail.

De cette disposition découle, pour les chefs desdits établissements l'obligation de tenir le registre mentionné aux articles 4 de la loi précitée et 8 du décret du 30 août 1852.

3º Il sera dressé par le commissaire de police de chaque quartier, pour être soumis à notre approbation et arrêté par nos soins, un état des établissements de liquoristes ou débits de prunes et chinois auxquels seront applicables les dispositions qui précèdent.

4° Toute infraction aux dispositions de la présente Ordonnance pourra être suivie de la fermeture de l'établissement en vertu du décret du 29 décembre 1851, sans préjudice des poursuites à exercer devant les Tribunaux compétents.

5° Le chef de la police municipale, les commissaires de police, et tous les agents de la Préfecture de police, sont chargés, chacun en ce qui le concerne, de l'exécution de la présente ordonnance.

Le Préfet de Police,
BOITELLE.

XXXIII

Circulaire de M. Boitelle, Préfet de Police, aux Commissaires de police, concernant les filles de comptoirs des débits de boissons dits caboulots (19 septembre 1861).

A Messieurs les Commissaires de police.

Depuis un certain temps, il s'est introduit

parmi les débits de boissons existant à Paris, un genre spécial de liquoristes ou les consommations sont servies par des femmes, dont le costume et l'attitude attirent l'attention du public.

Ces sortes d'établissements ont engendré des abus auxquels il importe d'autant plus de mettre fin qu'ils *exercent une pernicieuse action sur la morale publique et surtout sur les mœurs de la jeunesse.*

Il n'est pas question dans la circonstance ainsi que vous le verrez en vous reportant aux dispositions de l'article 3 de cette Ordonnance d'une mesure générale s'étendant indistinctement à tous les débitants de liqueurs, et susceptible d'apporter des entraves à ce commerce, alors qu'il se fait d'une manière convenable, mais bien d'une réglementation spéciale applicable restrictivement à cette catégorie d'établissements désignés vulgairement sous le nom de *caboulots,* établissements que vous devrez me signaler pour chacun de vos quartiers, et dont je me réserve après examen d'arrêter moi-même la liste.

Quant à la délivrance des livrets dont les filles employées dans lesdits établissements doivent se munir, elle se fera sur le vu d'un certificat pour obtention de livret conçu dans la forme ordinaire et du consentement écrit des pères, mères ou tuteurs, lorsqu'il s'agira de mineures. Ces pièces seront adressées à ma préfecture (1re division, 4e bureau).

J'ai lieu de croire qu'à l'aide de ces diverses mesures et en y apportant une vigilance à la fois discrète et soutenue, mon administration arrivera à faire disparaître un abus qui tendait à s'accroître et qui devait exciter sa sollicitude, j'attache une grande importance à ce résultat et je compte pour l'atteindre sur tout votre concours.

. . . .

Le Préfet de Police,
BOITELLE.

XXXIV

Arrêté de M. Merlin, sénateur, maire de la ville de Douai concernant les brasseries de femmes.

Considérant que la facilité laissée à l'ouverture des débits de boissons impose à l'autorité le devoir de les surveiller avec plus de vigilance ;

Que l'exagération du personnel des servantes et leur choix peu scrupuleux ont fait d'un certain nombre de ces établissements des maisons clandestines de prostitution échappant à la surveillance de la police et *aux mesures prescrites par l'autorité dans l'intérêt de la morale et des mœurs publiques* ;

Qu'il est urgent dès lors de réprimer ces abus ;

Arrêtons :

Article premier. — Il est expressément interdit aux cafetiers, cabaretiers et autres débitants de boissons de prendre comme domestique ou comme ouvrière à la journée aucune fille mineure.

Il leur est également interdit d'employer aucune fille ou femme qui ne soit munie d'un certificat de bonne vie et mœurs délivré par l'autorité administrative compétente.

Ce certificat, dont la date ne devra pas remonter à plus de trois mois, comprendra la mention de l'usage auquel il est affecté. Il sera renouvelé tous les trois mois.

Il devra être présenté à toute réquisition des agents de l'autorité.

Art. 2. — Aucun cafetier ou cabaretier ne

peut affecter plus de deux femmes au service de son débit de boissons.

Il est défendu aux filles et femmes employées dans les établissements dont il s'agit de s'asseoir à côté des consommateurs, de prendre ni d'accepter aucune consommation.

Art. 3. — Les dispositions qui précèdent sont applicables aux cafetiers, cabaretiers et autres débitants de boissons employant leurs filles ou parentes majeures et mineures à la condition que ces dernières, à partir de l'âge de quatorze ans, soient comme leurs filles ou parentes, munies de certificat de bonne moralité, dont il est parlé à l'article premier.

Le nombre des personnes ainsi employées réduira d'autant celui fixé à deux par l'article 2 des auxiliaires du sexe féminin étranger à la famille.

Il est interdit aux filles ou parentes des cafetiers, cabaretiers et autres débitants de boissons, âgées de quatorze ans, qui ne seraient pas munies de certificat de bonne vie et mœurs, de séjourner dans des locaux affectés habituellement à l'usage du débit ou dans des pièces et dépendances de la maison ou des consommations seraient servies.

. . . .

XXXV

Arrêt de la Cour de Cassation du 20 juillet 1881, rendu à la suite d'un conflit entre un cabaretier et le maire de Grenoble.

La Cour,

Ouï M. le conseiller Sevestre en son rapport, Mᵉ Bouchié de Belle, avocat en la Cour en ses observations à l'appui du pourvoi, et M. Petiton, avocat général en ses conclusions.

Sur le moyen unique du pourvoi tiré de la violation des articles 471, paragraphe 15 du Code pénal et 7 de la loi du 2 mars 1791, en ce que l'arrêté pris par le maire de Grenoble, le 28 avril 1881, et auquel il aurait été contrevenu par le demandeur, serait illégal et entaché d'excès de pouvoir.

Attendu qu'aux termes de l'article 3 du titre IX de la loi des 16-24 août 1790, l'autorité municipale est chargée de maintenir le bon ordre dans les endroits où il se fait de grands rassemblements d'hommes, tels que foires, marchés, spectacles, jeux, cafés et autres lieux publics.

Attendu que la disposition de l'arrêté du maire de Grenoble interdisant aux cafetiers et

autres débitants de la ville d'employer des
femmes ou des filles étrangères à leur famille
pour servir les consommateurs, en vue de prévenir le retour des faits immoraux et scanda-
leux qui s'étaient produits dans quelques-uns
de ces établissements, rentrait précisément
dans les mesures ayant pour objet d'assurer
le maintien du bon ordre.

Attendu dès lors, que le jugement attaqué,
en reconnaissant la légalité et la force obliga-
toire de cet arrêté, pris par l'autorité municipale dans la limite de ses pouvoirs, et en appli-
quant au demandeur pour l'infraction par lui
commise audit arrêté la pénalité de l'article
471, paragraphe 15 du Code pénal, loin d'avoir
violé cette disposition de loi, en a fait, au contraire, une exacte et saine interprétation.

Rejette.

XXXVI

Arrêté du Préfet de police Bourgeois du 24 février 1888.

Article premier. — Aucune fille mineure ne

pourra être employée à un titre quelconque dans les cafés, brasseries et autres débits de boissons.

Art. 2. — Les contraventions à la présente ordonnance seront constatées par des procès-verbaux et poursuivies conformément à la loi.

Le Préfet de police,
LÉON BOURGEOIS.

XXXVII

3 Avril 1888, séance de l'Académie.

I. L'Académie appelle l'attention de l'autorité sur les développements qu'a pris la provocation sur la voie publique, dans ces dernières années, notamment, et en réclame une répression énergique.

II. Elle estime qu'il y a nécessité manifeste d'assimiler à cette provocation de la rue, divers modes non moins dangereux qu'a revêtus, surtout de nos jours, la provocation publique, à savoir : *celle des boutiques ; celle des brasseries dites à femmes,* et, plus particulièrement encore, *celle des débits de vins.*

III. Elle signale à l'autorité, d'une façon non moins spéciale, la provocation qui rayonne autour des lycées, des collèges, et qui a pour résultat l'excitation des mineurs à la débauche.

IV. Ces divers ordres de provocations ayant pour conséquence la dissémination des *maladies syphilitiques*, l'Académie réclame des pouvoirs publics, une loi de police sanitaire, réglant et fortifiant l'intervention administrative, en particulier à l'égard des mineurs, et permettant d'atteindre la provocation partout où elle se produit.

V. La sauvegarde de la santé publique exige que les filles se livrant à la prostitution soient soumises à l'inscription et aux visites sanitaires.

VI. Si l'inscription n'est pas consentie par la fille à qui l'administration l'impose, elle ne pourra être prononcée que par l'autorité judiciaire.

VII. Toute fille qui sera reconnue, après examen médical, affectée d'une maladie vénérienne, sera internée dans un asile sanitaire spécial.

VIII. Les filles inscrites seront soumises à une visite hebdomadaire. Visite complète et à date fixe.

Hospitalisation, traitement.

IX. Le nombre des lits affectés au traitement des maladies vénériennes est actuellement d'une insuffisance notoire. Il sera augmenté dans la proportion reconnue nécessaire par une enquête ouverte à ce sujet.

X. Cette augmentation du nombre des lits affectés aux vénériens et aux vénériennes se fera, non pas par la création de services spéciaux dans les hôpitaux généraux, mais bien par la création de nouveaux hôpitaux spéciaux.

XI. Les médicaments propres au traitement des maladies vénériennes seront délivrés gratuitement dans tous les hôpitaux, hôpitaux spéciaux ou hôpitaux généraux.

XII. Un service de consultations gratuites, avec délivrance gratuite de médicaments sera annexé à l'asile sanitaire spécial destiné au traitement des prostituées vénériennes.

XIII. Dans toute ville de province, tout au moins dans chaque chef-lieu de département, il sera créé un service spécial pour le traitement des maladies vénériennes, et les locaux affectés à ce dit service seront aménagés suivant toutes les règles de l'Hygiène.

Réformes dans l'enseignement.

XIV. Ouvrir librement tous les services des vénériens ou des vénériennes (y compris ceux de Saint-Lazare), à tout étudiant en médecine justifiant de seize inscriptions.

XV. Il est désirable qu'on exige de tout aspirant au doctorat, avant le dépôt de sa thèse, un certificat de stage dans le service de vénériens ou de vénériennes.

XVI. Attribuer au concours, et au concours exclusivement, le recrutement de tout le personnel médical chargé du traitement des vénériennes à Saint-Lazare (ou dans l'asile hospitalier qui sera substitué à Saint-Lazare).

XVII. Attribuer au concours, et au concours exclusivement, le recrutement du personnel médical chargé de la surveillance des filles inscrites au dispensaire de salubrité publique.

XVIII. Les membres des divers concours dont il vient d'être question seront choisis parmi les membres des corps scientifiques suivants : Les membres de l'Académie de Médecine, les Professeurs et Agrégés de la Faculté de Médecine, les Médecins, les Chirurgiens et Accoucheurs des Hôpitaux, les Médecins titulaires de Saint-Lazare. Le Jury sera nommé par le Préfet de police, sur la présentation du doyen de la Faculté de Médecine.

Syphilis dans l'armée et dans la marine.

XIX. Assurer la rigoureuse exécution des règlements militaires, notamment en ce qui concerne les visites de santé, la recherche du foyer de contagion, l'abandon de toute mesure disciplinaire à l'égard des soldats affectés de maladies vénériennes.

XX. *S'efforcer de combattre les progrès incessants de la prostitution clandestine,* d'une part, en éclairant les soldats sur les dangers de cette prostitution spéciale et, d'autre part, en réclamant le concours des autorités civiles pour l'assainissement de certains foyers de contamination, soit dans les villes (débits de vins), soit aux alentours des camps.

XXI. Assurer aux soldats syphilitiques dont le traitement a été commencé à l'hôpital, la possibilité de continuer à leur corps, et sous la direction des médecins de leur régiment, le traitement ultérieur nécessaire à leur guérison.

XXII. En ce qui concerne la marine, il est à désirer qu'à bord des bâtiments de guerre, une visite médicale de l'équipage soit faite avant l'arrivée dans chaque port, afin d'interdire la communication avec la terre, des hommes qui seraient contaminés, toutes les fois que la durée de la traversée rendra cette mesure nécessaire.

XXIII. Il est absolument essentiel que, dans toutes les villes du littoral, notamment dans les grands ports de guerre ou de commerce, un service régulier et rigoureux soit institué pour la surveillance et la visite médicale des prostituées, en vue de prévenir les contaminations que contractent si fréquemment les marins dans les ports de relâche ou de débarquement, et que les filles reconnues malades soient traitées à l'hôpital jusqu'à guérison complète des accidents transmissibles.

Voici à quels résultats ces arrêtés et ces vœux ont abouti :

1872.	40 Brasseries :	125 filles
1879.	130 »	582 »
1882.	181 »	881 »
1888.	203 »	1100 »
1893.	202 »	1170 »

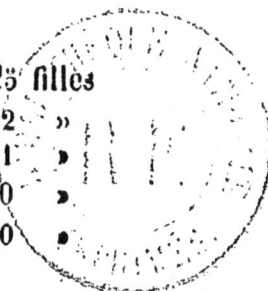

FIN

TABLE DES MATIÈRES

TABLE DES MATIÈRES

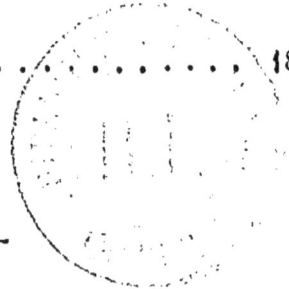

Pour paraître prochainement

PARIS-PRISON

SOUS PRESSE

(En réimpression)

Paris-Impur. Paris-Cocu. Paris-Galant

www.ingramcontent.com/pod-product-compliance
Lightning Source LLC
Chambersburg PA
CBHW070736270326
41927CB00010B/2016